Tastenkombinationen

für den Mac

Jonas Kraft

Markt+Technik

ISBN 978-3-98810-083-2

Produktmanagement Christian Braun, Burkhardt Lühr
Lektorat, Herstellung Jutta Brunemann
Covergestaltung David Haberkamp
Coverfoto © dencg – Shutterstock.com
Satz inpunkt[w]o, Wilnsdorf (www.inpunktwo.de)
Druck Himmer GmbH Druckerei & Verlag, Augsburg
Printed in Germany

Inhaltsverzeichnis

Einleitung

Gewiss wollen Sie Ihr MacBook, Ihren iMac oder einen sonstigen Mac so effizient wie möglich nutzen und weniger Zeit am Bildschirm verbringen, nicht wahr? Mit cleveren Tastenkombinationen sparen Sie auf lange Sicht gesehen viele Stunden, Tage oder sogar Wochen an Lebenszeit ein. Denn viele Mac-Funktionen lassen sich mit Tastenkombinationen deutlich schneller aufrufen als per Klick durch mehrere Menüs.

Die Verwendung von Tastenkombinationen ist nur dann wirklich sinnvoll, wenn Sie die für Sie relevanten Tastenkombinationen auswendig kennen. Aber natürlich können Sie sich nicht alle Tastenkombinationen auf einmal merken. Nur dann, wenn Sie die Tastenkombinationen täglich anwenden, werden sie Ihnen schnell in Fleisch und Blut übergehen. Verfügen Sie über Klebezettel? Dann notieren Sie darauf die Tastenkombinationen, die Sie ab sofort einsetzen möchten, und kleben diese an den Monitor Ihres Macs.

Tastenkombinationen werden in den meisten Fällen gleichzeitig gedrückt. Ein Beispiel soll Ihnen die Darstellung der Tastenkombinationen in diesem Buch erklären: Die Tastenkombination *option*+*command*+*D* besagt, dass Sie zunächst die *option*-Taste drücken und gedrückt halten, dann zusätzlich die *command*-Taste drücken und ebenfalls gedrückt halten; schließlich drücken Sie die Taste *D*, um die der Tastenkombination zugeordnete Funktion auszuführen.

In diesem Buch erhalten Sie einen Überblick über die wichtigsten Tastenkombinationen für macOS sowie die darauf installierten Standard-Apps. Picken Sie sich die für Sie jeweils nützlichsten raus! Auch eigene Tastenkombinationen können Sie problemlos anlegen – Ihnen wird gezeigt, wie es geht!

Viel Freude beim Lesen dieses Buches und beim Entdecken nützlicher Tastenkombinationen wünscht Ihnen

Ihr
Jonas Kraft

1. Wichtige Tasten im Überblick

Wenn Sie bereits sowohl mit einem Mac als auch mit einem Windows-Computer gearbeitet haben, wissen Sie, dass sich die Tastaturen in vielerlei Hinsicht ähneln, in mancherlei Hinsicht aber auch unterscheiden. Auch gibt es verschiedene Tastaturen für den Mac, die unterschiedliche Bezeichnungen tragen können. So kann es sein, dass die gleiche Taste auf der einen Apple-Tastatur »option« heißt, auf der anderen »alt«.

Nun, grundsätzlich können Sie fast alle der in diesem Buch vorgestellten Tastenkombinationen auf allen Apple-Tastaturen verwenden. Falls Sie mit der Apple-Tastatur noch nicht 100-prozentig vertraut sein sollten, werfen Sie doch mal einen genaueren Blick auf die Tastatur eines MacBook Air.

Die folgende Tabelle gibt Ihnen einen Überblick über wichtige Tasten, die in Tastenkombinationen des Öfteren Verwendung finden.

Taste	Funktion
fn	Die fn-Taste (für »function«) wird in der Regel dazu verwendet, die Funktion bestimmter Tasten zu verändern. Auf manchen Tastaturen ist auf der fn-Taste auch ein Globus 🌐 abgebildet.
control ^	Die control-Taste (kurz »ctrl«) dient ebenfalls dazu, zusätzliche Funktionen aus den Tasten herauszukitzeln; die Entsprechung auf der Windows-Tastatur ist die Strg-Taste.
option ⌥	Die option-Taste (auf anderen Tastaturen »alt«) wird auch Wahl- oder Optionstaste genannt. Auch sie verändert die Tastenbelegung.
command ⌘	Die command-Taste (kurz »cmd«) dient, wie die Bezeichnung bereits verrät, dazu, Kommandos über die Tastatur auszuführen.
⇧	Die Shift-Taste (auf Deutsch: Umschalt-Taste) dient insbesondere dem Umschalten zwischen Groß- und Kleinschreibung, kann aber auch weitere Zweitbelegungen aus der Tastatur kitzeln.
⇥	Die Tab-Taste (für »tabulator«) hat als ursprüngliche Funktion das Einrücken von Text in einem Dokument, kann aber ebenfalls in Tastenkombinationen zum Einsatz kommen.
esc	Die Esc-Taste (für »escape«) ist zum Beenden laufender Prozesse gedacht, kann aber auch in manchen Tastenkombinationen zur Anwendung kommen.
←	Die Backspace-Taste (auf Deutsch: Rücktaste) wird vor allem für Löschvorgänge verwendet.
↩	Die Return-Taste (auf Deutsch: Eingabe-Taste) ist zum Ausführen von Befehlen vorgesehen, findet sich aber ebenfalls in mancher Tastenkombination.

Wenn Sie die in diesem Buch vorgestellten Tastenkombinationen nutzen, werden Sie sich mit den Tasten der Apple-Tastatur automatisch vertraut machen!

2. Allgemeine Tastenkombinationen

Eignen Sie sich nun einen Fundus allgemeiner Mac-Tastenkombinationen an, die sich auf das Betriebssystem macOS selbst beziehen, bzw. Standard-Tastenkombinationen – etwa zum Kopieren –, die sich in ganz verschiedenen Apps nutzen lassen.

2.1 Starten und Ausschalten

Machen Sie sich zunächst mit einigen Tastenkombinationen vertraut, die Sie beim Starten bzw. Ausschalten Ihres Macs gebrauchen können.

Starten

Die Tastenkombinationen, die beim Starten des Macs zum Einsatz kommen, halten Sie bereits beim Einschalten gedrückt, und zwar so lange, bis auf dem Bildschirm die gewünschte Funktion dargestellt wird. Die Tastenkombinationen beziehen sich auf Intel-basierte Macs. Einige Funktionen sind deaktiviert, wenn ein Firmware-Passwort eingerichtet wurde. Wenden Sie Tastenkombinationen, die sich auf eine Systemreparatur beziehen, unbedingt nur bei Bedarf an!

Verfügt Ihr Mac über einen Apple-Chip? In diesem Fall halten Sie einfach den Ein-/Ausschalter so lange gedrückt, bis die Startoptionen angezeigt werden.

Tasten	Funktion
Ein-/Ausschalter	Drücken, um den Mac einzuschalten bzw. um den Ruhezustand zu beenden
⇧	Beim Starten gedrückt halten, um macOS im gesicherten Modus zu laden (wird nach der Anmeldung angezeigt)
option	Beim Starten gedrückt halten, um Start-Volume auswählen zu können

command + R	Beim Starten gedrückt halten, um das macOS-Wiederherstellungssystem zu starten
command + P + R	Beim Starten gedrückt halten, um den nichtflüchtigen RAM-Speicher (NVRAM bzw. PRAM) zurückzusetzen
command + V	Beim Starten gedrückt halten, um im Modus mit ausführlichem Protokoll zu starten
D	Beim Starten gedrückt halten, um die Apple Diagnose zu starten
N	Beim Starten gedrückt halten, um gegebenenfalls über einen NetBoot-Server zu starten
T	Beim Starten gedrückt halten, um im Festplatten-modus zu starten
linke Maustaste	Beim Starten linke Maustaste (bzw. Trackpad-Taste) gedrückt halten, um Wechselmedien auszuwerfen

Ausschalten

Die folgenden Tastenkombinationen dienen dem Ausschalten Ihres Macs, aber auch dem Abmelden oder Neustart oder dazu, den Mac in den Ruhezustand zu versetzen oder einfach das Display auszuschalten.

Tasten	Funktion
⇧ + command + Q	Vom Benutzerkonto abmelden, Bestätigung erforderlich
option + ⇧ + command + Q	Vom Benutzerkonto abmelden, keine Bestätigung erforderlich
control + option + command + Ein-/Ausschalter*	Alle Apps beenden und den Mac aus-schalten; sofern es ungespeicherte Änderungen in einem Dokument gibt, wird Ihnen das Speichern der Änderungen angeboten

control + command + Ein-/Ausschalter*	Alle Apps beenden und den Mac neu starten; sofern es ungespeicherte Änderungen in einem Dokument gibt, wird Ihnen das Speichern der Änderungen angeboten
option + command + Ein-/Ausschalter*	Ruhezustand aktivieren
control + ⇧ +Ein-/Ausschalter*	Display ausschalten
control +Ein-/Ausschalter*	Dialogfeld mit Optionen für Neustart, Ruhezustand und Ausschalten anzeigen
Ein-/Ausschalter	Gedrückt halten, um das Ausschalten des Macs zu erzwingen

** Die Tastenkombination gilt nicht für den Touch-ID-Sensor. Sofern auf der Tastatur vorhanden, kann statt des Ein-/Ausschalters auch die Taste ⏏ betätigt werden.*

2.2 Funktionstasten

Je nach Mac-Tastatur sind auf den Funktionstasten (den F-Tasten) verschiedene Symbole abgebildet, die Ihnen mitteilen, welche Funktion sich mit der jeweiligen Taste aufrufen lässt. Bei bestimmten MacBook-Tastaturen werden die Funktionssymbole hingegen auf einer Touch Bar abgebildet.

Um die Funktionstasten auf einem Gerät mit Touch Bar einzublenden, gehen Sie in die *Einstellungen* und wählen *Tastatur*. Klicken Sie anschließend auf die Schaltfläche *Tastaturkurzbefehle* und entscheiden Sie sich im folgenden Fenster für *Funktionstasten*.

Aktivieren Sie sodann die Option *Die Tasten F1, F2 usw. als Standard-Funktionstasten verwenden*. Das Einblenden erfolgt mit der fn- bzw. 🌐-Taste.

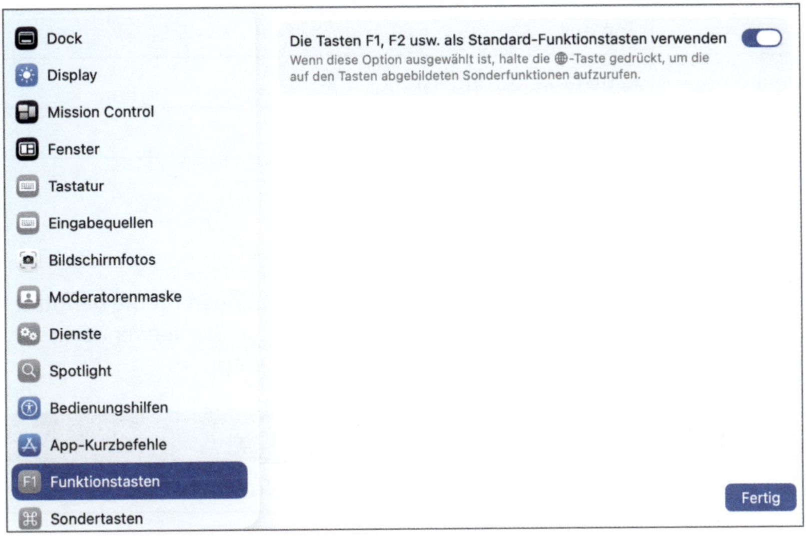

Auf einem Gerät mit Touch Bar lassen sich die Funktionstasten über die Einstellungen einblenden.

Taste	Funktion
F1	Displayhelligkeit verringern
F2	Displayhelligkeit erhöhen
F3	Mission Control aufrufen
F4	Spotlight-Suche aufrufen
F5	Tastaturhelligkeit verringern (wenn verfügbar)
F6	Tastaturhelligkeit erhöhen (wenn verfügbar)
F7	Zum vorherigen Titel wechseln; bei Gedrückthalten zurückspulen
F8	Wiedergabe pausieren bzw. fortsetzen
F9	Zum nächsten Titel wechseln; bei Gedrückthalten vorspulen

F10	Ton aus
F11	Lautstärke verringern
F12	Lautstärke erhöhen

2.3 Benutzeroberfläche

Lernen Sie nun einige sehr nützliche Tastenkombinationen für die Benutzeroberfläche Ihres Macs mit macOS kennen, etwa für die Verwendung der Mission Control oder das Anzeigen aller Fenster einer App.

Tasten	Funktion
control + ↑	Mission Control aufrufen (oder Taste F3)
control + →	Einen Schreibtisch nach rechts wechseln (sofern mehrere Schreibtische eingerichtet wurden)
control + ←	Einen Schreibtisch nach links wechseln (sofern mehrere Schreibtische eingerichtet wurden)
control + 1	Zu Schreibtisch mit der entsprechenden Nummer wechseln
(fn +) F11	Schreibtisch einblenden
control + ↓	Alle Fenster einer App anzeigen
option + command + D	Dock aus- bzw. wieder einblenden
(fn +) control + F3	Dock aktivieren; zum Wechseln zwischen den Apps im Dock dienen die Tasten → und ←; die Auswahl erfolgt per ↩-Taste
command +linke Maustaste	Auf eine App im Dock bei gedrückter command-Taste doppelklicken, um die App im Finder zu öffnen

⇧ + command + 3	Bildschirmfoto aufnehmen
⇧ + control + command + 3	Bildschirmfoto in die Zwischenablage kopieren
⇧ + command + 4	Bildschirmfoto eines nach dem Drücken der Tastenkombination ausgewählten Bereichs aufnehmen
⇧ + control + command + 4	Bildschirmfoto eines nach dem Drücken der Tastenkombination ausgewählten Bereichs in die Zwischenablage kopieren
⇧ + command + 5	Weitere Optionen für Bildschirmfotos einblenden
command , command	Zweimal schnell hintereinander die command-Taste drücken, um die Sprachassistenz Siri zu verwenden

2.4 Spotlight-Suche

Tasten	Funktion
command + Leer	Spotlight-Suche starten
↩	Ausgewähltes Ergebnis öffnen
→	Ergebnisse filtern
↓	Zum nächsten Ergebnis wechseln
↑	Zum vorherigen Ergebnis wechseln
command + ↓	Zum ersten Ergebnis in der nächsten Kategorie wechseln
command + ↑	Zum ersten Ergebnis in der vorherigen Kategorie wechseln
command	Beim Doppelklicken gedrückt halten, um Ergebnis im Finder anzuzeigen

command + R	Ohne Mausklick Ergebnis im Finder anzeigen
option + command + Leer	Finder-Fenster mit aktiviertem Suchfeld öffnen

2.5 Apps

Apps können sehr unterschiedliche Funktionen bieten, doch einige Tastenkombinationen lassen sich in den meisten Apps einsetzen. Machen Sie sich mit diesen Tastenkombinationen in der folgenden Tabelle vertraut.

Tasten	Funktion
command + Z	Widerrufen
⇧ + command + Z	Wiederholen
command + A	Alles auswählen
command + X	Ausschneiden
command + C	Kopieren
command + V	Einsetzen
control, control	Schnell hintereinander drücken, um Diktat zu starten (in den *Einstellungen* unter *Tastatur* und dort im Abschnitt *Diktierfunktion* kann auch ein anderer *Kurzbefehl* gewählt werden)
control	Diktat beenden
fn + control	In vielen Apps ebenfalls Diktat starten
command + S	Speichern
command + P	Drucken
command + ,	App-Einstellungen aufrufen

⇧ + command + ß	Hilfemenü aufrufen
command + M	Fenster im Dock ablegen
option + command + M	Alle Fenster im Dock ablegen
fn + control + ←	Fenster auf der linken Bildschirmhälfte darstellen
fn + control + →	Fenster auf der rechten Bildschirmhälfte darstellen
fn + control + ↑	Fenster auf der oberen Bildschirmhälfte darstellen
fn + control + ↓	Fenster auf der unteren Bildschirmhälfte darstellen
fn + ⇧ + control + ←	Fenster links und rechts anordnen
fn + ⇧ + control + →	Fenster rechts und links anordnen
fn + ⇧ + control + ↑	Fenster oben und unten anordnen
fn + ⇧ + control + ↓	Fenster unten und oben antworten
fn + control + R	Die vorherige Fenstergröße wiederherstellen
command + W	Fenster schließen
option + command + W	Alle Fenster schließen
command + H	App ausblenden
option + command + H	Andere Apps ausblenden
command + Q	App beenden
option + command + Q	App beenden und Fenster beibehalten
⇥	In einem Fenster zwischen Objekten wechseln
⇧ + ⇥	In einem Fenster zwischen Objekten wechseln, und zwar in umgekehrter Reihenfolge
command + <	Zwischen mehreren Fenstern einer App wechseln
⇧ + command + <	Zwischen mehreren Fenstern einer App wechseln, und zwar in umgekehrter Reihenfolge

command + →|	Zwischen mehreren geöffneten Apps wechseln
⇧ + command + →|	Zwischen mehreren geöffneten Apps wechseln, und zwar in umgekehrter Reihenfolge
option + command + esc	Fenster zum sofortigen Beenden von Apps aufrufen
control + command + F	Vollbildmodus aktivieren bzw. deaktivieren

2.6 Bedienungshilfen

Ihr Mac verfügt über eine ganze Reihe von Bedienungshilfen, die zwar speziell für gehandicapte Personen gedacht, aber keineswegs auf diese beschränkt sind. Tastenkombinationen dazu gibt es im Folgenden.

Verschiedene Hilfen

In der nächsten Tabelle finden Sie zunächst einige Tastenkombinationen, die sich auf unterschiedliche Bedienungshilfen beziehen.

Tasten	Funktion
option + command + F5	Bedienungshilfen-Kurzbefehle aktivieren bzw. deaktivieren
control + option + command + .	Kontrast erhöhen (muss in den *Einstellungen* unter *Tastatur* und dort unter *Tastaturkurzbefehle/Bedienungshilfen* aktiviert werden)
control + option + command + ,	Kontrast verringern (muss in den *Einstellungen* unter *Tastatur* und dort unter *Tastaturkurzbefehle/Bedienungshilfen* aktiviert werden)

control + option + command + 8	Farben umkehren (muss in den *Einstellungen* unter *Tastatur* und dort unter *Tastaturkurzbefehle/Bedienungshilfen* aktiviert werden)
command + F5	VoiceOver ein- bzw. wieder ausschalten
option + esc	Ausgewählten Text vorlesen (muss in den *Einstellungen* unter *Bedienungshilfen* und dort unter *Lesen & Sprechen* aktiviert werden)
(fn +) control + F1	Tastatursteuerung ein- bzw. ausschalten
(fn +) control + F2	Fokus auf Menüleiste
(fn +) control + F3	Fokus aufs Dock
(fn +) control + F4	Fokus in aktives/nächstes Fenster
(fn +) control + F5	Fokus auf Symbolleiste des Fensters
(fn +) control + F6	Fokus zum Schwebefenster
(fn +) control + F7	Ändern des Fokus mit Tabulatortaste
(fn +) control + F8	Fokus auf Statusmenüs
command + <	Fokus in nächstes Fenster
option + command + <	Fokus auf Seitenleiste des Fensters
←	In aktivierter Menüleiste zum Menü links bewegen
→	In aktivierter Menüleiste zum Menü rechts bewegen
↓	In einem Menü nach unten bewegen
↑	In einem Menü nach oben bewegen
Leer	In einem Menü eine Auswahl treffen

Zoomen

Die Tastaturkurzbefehle zum Zoomen müssen in den *Einstellungen* unter *Bedienungshilfen* und dort unter *Zoomen* aktiviert werden.

Tasten	Funktion
option + command + 8	Zoomen ein- bzw. wieder ausschalten
option + command + 0	Vergrößern
option + command + -	Verkleinern

Tastaturmausbedienung

Um statt der Maus die Tastatur zum Steuern des Mauszeigers zu verwenden, muss zunächst in den *Einstellungen* unter *Bedienungshilfen* und dort unter *Zeigersteuerung* im Abschnitt *Alternative Steuerungsmethoden* die *Tastaturmausbedienung* aktiviert werden. Die Steuerung erfolgt entweder mithilfe der Ziffertasten auf dem gegebenenfalls vorhandenen Nummernblock oder über die in der folgenden Tabelle dargestellten Tasten auf der Mac-Tastatur.

Tasten	Funktion
U	Mauszeiger nach links bewegen
7	Mauszeiger nach links oben bewegen
8	Mauszeiger nach oben bewegen
9	Mauszeiger nach rechts oben bewegen
O	Mauszeiger nach rechts bewegen
L	Mauszeiger nach rechts unten bewegen
K	Mauszeiger nach unten bewegen
J	Mauszeiger nach links unten bewegen
I	Linksklick
control + I	Rechtsklick

2.7 Sonderzeichen

Beim Schreiben von Texten werden Sie manchmal Sonderzeichen wie etwa ein Euro-Symbol oder eckige Klammern einfügen wollen. Hier erhalten Sie die passenden Tastenkombinationen dazu.

Und noch ein Tipp: Manche Tasten, etwa E, bieten beim Gedrückthalten weitere Buchstabenvarianten.

Tasten	Funktion
control + command + Leer	Fenster zur Auswahl von Emojis und Symbolen einblenden
⇧ + 8	((runde Klammer auf)
⇧ + 9	) (runde Klammer zu)
option + 5	[(eckige Klammer auf)
option + 6	] (eckige Klammer zu)
option + 8	{ (geschwungene Klammer auf)
option + 9	} (geschwungene Klammer zu)
⇧ + option + W	„ (deutsches Anführungszeichen unten)
option + 2	" (deutsches Anführungszeichen oben)
option + S	‚ (deutsches Anführungszeichen einfach unten)
option + #	' (deutsches Anführungszeichen einfach oben)
⇧ + option + Q	» (öffnendes französisches Anführungszeichen)
option + Q	« (schließendes französisches Anführungszeichen)

⇧ + option + N	› (öffnendes französisches Anführungszeichen einfach)
⇧ + option + B	‹ (schließendes französisches Anführungszeichen einfach)
⇧ + option + +	Apple-Symbol
option + L	@ (at-Zeichen)
option + E	€ (Euro)
⇧ + 4	$ (US-Dollar)
⇧ + option + 4	£ (Britisches Pfund)
⇧ + 3	§ (Paragraf)
option + G	© (Copyright)
⇧ + option + D	™ (Trademark)
option + R	® (Registered Trademark)
⇧ + 5	% (Prozent)
⇧ + option + E	‰ (pro Tausend)
⇧ + 7	/ (Slash)
⇧ + option + 7	\ (Backslash)
option + ,	∞ (Unendlich)
option + T	† (Gestorben)
option + P	π (Pi)
option + 0	≠ (Ungleich)
option + W	∑ (Summe)
option + O	Ø (Durchschnitt)
option + +	± (Plus/Minus)

option + N	~ (Tilde)
option + V	√ (Wurzel)
option + K	∆ (Delta)
option + Z	Ω (Omega)
option + 7	| (senkrechter Strich)
option + U	• (mittiger Punkt)
option + .	… (Auslassungszeichen)
⇧ + option + .	÷ (geteilt durch)
option + Ü	• (Multiplizieren)
option + <	≤ (kleiner gleich)
⇧ + option + <	≥ (größer gleich)

2.8 Einstellungen

Auch die Systemeinstellungen seien bei den allgemeinen Tastenkombinationen aufgelistet. Sie dienen der Navigation sowie der Suche in den Einstellungen, wenn das entsprechende Fenster geöffnet ist.

Tasten	Funktion
command + Ö	In den Einstellungen zurückblättern
command + Ä	In den Einstellungen vorblättern
command + F	In den Einstellungen suchen

3. Finder

Der Finder ist ein Dateimanager auf Ihrem Mac. Er steht Ihnen sofort nach dem Start des Macs zur Verfügung, auch wenn Sie noch kein Programmfenster geöffnet haben. Lernen Sie im Folgenden nützliche Funktionen für den Finder bzw. für den Umgang mit den Dateien auf Ihrem Mac kennen.

3.1 Löschen und Papierkorb

Wenn Sie eine Datei oder einen Ordner löschen, wird diese/dieser zunächst in den Papierkorb gelegt. Dort können die Dateien oder Ordner dann endgültig gelöscht werden. Das geht auch mit Tastenkombinationen!

Tasten	Funktion
command + ←	Markierte Dateien oder Ordner in den Papierkorb legen bzw. im Papierkorb markierte Dateien oder Ordner an den ursprünglichen Speicherort zurücklegen
option + command + ←	Markierte Dateien oder Ordner ohne Umweg über den Papierkorb löschen
⇧ + command + ←	Papierkorb leeren; Bestätigung erforderlich
⇧ + option + command + ←	Papierkorb leeren; keine Bestätigung erforderlich

3.2 Wichtige Funktionen

Machen Sie sich nun mit wichtigen Basisfunktionen des Finders vertraut, die sich per Tastenkombination nutzen lassen. Ausgespart werden hier die bereits bei den allgemeinen Tastenkombinationen genannten Basics zum Widerrufen, Ausschneiden, Diktat starten usw.

Tasten	Funktion
option + command + Leer	Finder-Fenster mit aktiviertem Suchfeld aufrufen
command + F	Im Finder-Fenster zum Suchfeld springen
command + <	Nächstes Fenster
control + ⇥	Nächsten Tab anzeigen
⇧ + control + ⇥	Vorherigen Tab anzeigen
⇧ + command + ↑	Zur nächsten Tabgruppe
⇧ + command + ↓	Zur vorherigen Tabgruppe
command + N	Neues Fenster
⇧ + command + N	Am ausgewählten Speicherort einen neuen Ordner erstellen
control + command + N	Neuer Ordner mit Auswahl
command + T	Neuer Tab
command + O	Öffnen
command + I	Informationen
command + D	Duplizieren
control + command + A	Alias erzeugen
command + Y	Übersicht
option + command + Y	Diashow starten

command + R	In übergeordnetem Ordner anzeigen
control + command + T	Zur Seitenleiste hinzufügen
command + E	Auswerfen
option + command + C	Als Pfadname kopieren
option + command + V	Objekt hierher bewegen
option + command + A	Auswahl aufheben

3.3 Darstellung

Der Finder bietet eine Reihe von Darstellungsoptionen, die sich ebenfalls per Tastenkombination aufrufen lassen. Die Tabelle gibt Ihnen einen Überblick.

Tasten	Funktion
command + 1	Darstellung als Symbole
command + 2	Darstellung als Liste
command + 3	Darstellung als Spalten
command + 4	Darstellung als Galerie
control + command + 0	Gruppen verwenden
control + command + 1	Aufräumen nach *Name*
control + command + 2	Aufräumen nach *Art*
control + command + 5	Aufräumen nach *Änderungsdatum*
control + command + 6	Aufräumen nach *Größe*
control + command + 7	Aufräumen nach *Tags*

option + control + command + 1	Sortieren nach *Name* (wenn Gruppen nicht verwendet werden)
option + control + command + 2	Sortieren nach *Art* (wenn Gruppen nicht verwendet werden)
option + control + command + 3	Sortieren nach *Zuletzt geöffnet* (wenn Gruppen nicht verwendet werden)
option + control + command + 4	Sortieren nach *Hinzugefügt am* (wenn Gruppen nicht verwendet werden)
option + control + command + 5	Sortieren nach *Änderungsdatum* (wenn Gruppen nicht verwendet werden)
option + control + command + 6	Sortieren nach *Größe* (wenn Gruppen nicht verwendet werden)
option + control + command + 7	Sortieren nach *Tags* (wenn Gruppen nicht verwendet werden)
option + command + S	Seitenleiste ein- bzw. ausblenden
⇧ + command + P	Vorschau ein- bzw. ausblenden
option + command + T	Symbolleiste ein- bzw. ausblenden
⇧ + command + #	Alle Tabs einblenden bzw. wieder ausblenden
⇧ + command + T	Tableiste ein- bzw. ausblenden
option + command + P	Pfadleiste ein- bzw. ausblenden
command + ß	Statusleiste ein- bzw. ausblenden
command + J	Darstellungsoptionen ein- bzw. ausblenden

3.4 Gehe zu

Nun noch einige Navigationsoptionen für den Finder – so können Sie blitzschnell per Tastenkombination zu Ihrem Benutzerordner sowie anderen wichtigen Speicherorten wechseln.

Tasten	Funktion
command+*Ö*	Zurückblättern
command+*Ä*	Vorblättern
command+↑	Zum übergeordneten Ordner wechseln
⇧+*command*+*F*	Zuletzt benutzt
⇧+*command*+*O*	Dokumente
⇧+*command*+*D*	Schreibtisch
option+*command*+*L*	Downloads
⇧+*command*+*H*	Benutzerordner
⇧+*command*+*C*	Computer
⇧+*command*+*R*	AirDrop
⇧+*command*+*K*	Netzwerk
⇧+*command*+*I*	iCloud Drive
⇧+*command*+*S*	Geteilt
⇧+*command*+*A*	Programme
⇧+*command*+*U*	Dienstprogramme
⇧+*command*+*G*	Gehe zu Ordner
command+*K*	Mit Server verbinden
option	Taste bei geöffnetem Menü *Gehe zu* drücken, um Speicherort *Library* einzublenden

4. Browser-App Safari

Safari ist ein Webbrowser, der auf Ihrem Mac zum Aufrufen von Webseiten zur Verfügung steht – wenn Sie es wünschen, nutzen Sie auch in diesem Zusammenhang clevere Tastenkombinationen!

4.1 Wichtige Funktionen

Erhalten Sie zunächst einen Überblick über wichtige Basisfunktionen der Browser-App *Safari*.

Tasten	Funktion
command + N	Neues Fenster
⇧ + command + N	Neues privates Fenster
command + T	Neuer Tab
control + command + N	Neue leere Tabgruppe
command + O	Datei öffnen
command + L	Adresse öffnen
command + I	Seite mailen
⇧ + option + command + V	Einsetzen und Stil anpassen
⇧ + command + A	Formular automatisch ausfüllen
option + command + F	Google-Suche
command + F	Suchen
command + G	Weitersuchen (vorwärts)
⇧ + command + G	Weitersuchen (rückwärts)
⇧ + command + F	Suchbanner ausblenden

command + E	Auswahl für Suche übernehmen
command + J	Auswahl anzeigen
⇧ + command + Ü	Rechtschreibung und Grammatik ein- bzw. ausblenden
command + Ü	Dokument jetzt prüfen
control + ⇥	Nächsten Tab anzeigen
⇧ + control + ⇥	Vorherigen Tab anzeigen

4.2 Darstellung

In der nächsten Tabelle finden Sie praktische Tastenkombinationen, die die Darstellungsoptionen der Browser-App ***Safari*** betreffen.

Tasten	Funktion
⇧ + command + B	Favoritenleiste ein- bzw. ausblenden
command + B	Statusleiste ein- bzw. ausblenden
⇧ + command + L	Seitenleiste ein- bzw. ausblenden
control + command + 1	Seitenleiste für Lesezeichen ein- bzw. ausblenden
control + command + 2	Seitenleiste für Leseliste ein- bzw. ausblenden
⇧ + command + R	Reader ein- bzw. ausblenden (sofern Reader-Ansicht zur Verfügung steht)
⇧ + command + #	Tabübersicht anzeigen
option + command + L	Downloads anzeigen
command + .	Stoppen

command + R	Seite neu laden
option + command + R	Seite vom Ursprung neu laden
command + 0	Originalgröße
command + +	Vergrößern
command + -	Verkleinern
option + command + +	Schrift größer
option + command + -	Schrift kleiner

4.3 Verlauf

Standardmäßig werden Informationen zu den Webseiten, die Sie mit Safari aufrufen, in einem Verlauf gespeichert. Tastenkombinationen rund um den Verlauf entnehmen Sie der folgenden Tabelle.

Tasten	Funktion
command + Y	Gesamten Verlauf anzeigen
command + Ö	Zurück
command + Ä	Vorwärts
⇧ + command + H	Startseite
option + command + S	Zurück zu den Suchergebnissen
⇧ + command + T	Zuletzt geschlossenes Fenster erneut öffnen

4.4 Lesezeichen und Leseliste

Lesezeichen sind Webadressen, die Sie speichern, um eine für Sie interessante Webseite später jederzeit erneut laden zu können. In der Leseliste werden hingegen ganze Webseiten gespeichert. Setzen Sie auch dazu Tastenkombinationen ein.

Tasten	Funktion
option + command + B	Lesezeichen bearbeiten
command + D	Lesezeichen hinzufügen
⇧ + command + D	Zur Leseliste hinzufügen
option + command + 1 (–9)	Favoriten von 1–9 auswählen

5. Apps für die Kommunikation

Auf Ihrem Mac sind auch einige Apps für die Kommunikation bereits vorinstalliert. Und natürlich lassen sich auch diese mithilfe von Tastenkombinationen produktiver anwenden. Lernen Sie auf den nächsten Seiten nützliche Tastenkombinationen für die Apps ***Mail***, ***FaceTime*** sowie ***Nachrichten*** kennen.

5.1 Mail

Die App ***Mail*** dient dem Senden und Empfangen von E-Mails, also elektronischer Post. Sie bietet eine Menge Tastenkombinationen!

Wichtige Funktionen

Zunächst gibt es Tastenkombinationen zu verschiedenen wichtigen Funktionen der App ***Mail***.

Tasten	Funktion
command + N	Neue E-Mail
option + command + N	Neues Fenster
command + O	Nachrichten öffnen
⇧ + command + S	Sichern unter
⇧ + command + A	Dateien anfügen
command + Y	Übersicht der Anhänge
option + esc	Vervollständigen
⇧ + command + V	Als Zitat einsetzen
option + ⇧ + command + V	Einsetzen und Stil anpassen
option + command + I	Ausgewählte E-Mails anhängen
command + K	Link hinzufügen

option + command + K	Link entfernen
option + command + F	Postfach durchsuchen
command + F	Suchen
command + G	Weitersuchen (vorwärts)
⇧ + command + G	Weitersuchen (rückwärts)
command + E	Auswahl für Suche übernehmen
command + J	Auswahl anzeigen
control + command + T	Nach oben springen
⇧ + command + Ü	Rechtschreibung und Grammatik ein- bzw. ausblenden
command + Ü	Dokument jetzt prüfen
command + 0	Hauptfenster
option + command + 0	Aktivität

Darstellung

Nun folgen einige Tastenkombinationen, die die Darstellungsoptionen in der App *Mail* betreffen.

Tasten	Funktion
option + command + B	Adressfeld *Blindkopie* ein- bzw. ausblenden
option + command + R	Adressfeld *Antwort an* ein- bzw. ausblenden
⇧ + command + H	Alle Header
option + command + U	Reine Datei
control + command + S	Seitenleiste ein- bzw. ausblenden

command + L	E-Mail-Filter aktivieren bzw. deaktivieren
option + command + T	Symbolleiste ein- bzw. ausblenden
⇧ + option + command + H	Favoritenleiste ein- bzw. ausblenden

Empfangen und Senden

Nützliche Tastenkombinationen zum Senden und Empfangen von E-Mails entnehmen Sie der folgenden Tabelle.

Tasten	Funktion
⇧ + command + N	Neue E-Mails empfangen
⇧ + command + ←	Objekte in allen Accounts endgültig löschen
⇧ + option + command + ←	Objekte in allen Accounts endgültig löschen, und zwar ohne Rückfrage
option + command + J	Spam löschen
command + 1	Favoriten-Postfach *Eingang* öffnen
command + 2	Favoriten-Postfach *Markiert* öffnen
command + 3	Favoriten-Postfach *Entwürfe* öffnen
command + 4	Favoriten-Postfach *Gesendet* öffnen
control + command + 1	In Favoriten-Postfach *Eingang* bewegen
control + command + 2	In Favoriten-Postfach *Markiert* bewegen
control + command + 3	In Favoriten-Postfach *Entwürfe* bewegen
control + command + 4	In Favoriten-Postfach *Gesendet* bewegen
control + command + Ö	Zum vorhergehenden Postfach wechseln
control + command + Ä	Zum nächsten Postfach wechseln

⇧+command+D	Erneut senden
command+R	Antworten
⇧+command+R	Allen antworten
⇧+command+F	Weiterleiten
⇧+command+E	Umleiten
⇧+command+U	Als ungelesen markieren
⇧+command+J	In *Spam* bewegen
⇧+control+M	Stummschalten bzw. Stummschaltung aufheben
⇧+command+L	Markieren ein- bzw. ausblenden
control+command+A	Archivieren
control+command+M	In vorgeschlagenes Postfach bewegen
option+command+L	Regeln anwenden

Format

Schließlich gibt es auch eine ganze Reihe von Tastenkombinationen, die sich für die Formatierung Ihrer E-Mails einsetzen lassen.

Tasten	Funktion
command+T	Schriften ein- bzw. ausblenden
⇧+command+C	Farben ein- bzw. ausblenden
command+B	Fett formatieren
command+I	Kursiv formatieren
command+U	Unterstrichen formatieren

command + +	Schrift größer
command + -	Schrift kleiner
option + command + C	Stil kopieren
option + command + V	Stil einsetzen
⇧ + command + Ö	Linksbündig ausrichten
⇧ + command + #	Zentriert ausrichten
⇧ + command + Ä	Rechtsbündig ausrichten
command + Ä	Einrückung erhöhen
command + Ö	Einrückung verringern
command + ´	Zitatebene erhöhen
option + command + ´	Zitatebene verringern
⇧ + command + T	In reinen Text umwandeln

5.2 FaceTime

Die App ***FaceTime*** dient dazu, Audio- oder Videotelefonate mit anderen FaceTime-Nutzern übers Internet zu führen. Es sind wieder – zusätzlich zu den Basics zum Widerrufen, Kopieren etc. – einige Tastenkombinationen im Angebot!

Tasten	Funktion
⇧ + command + M	Stummschalten
command I R	Hochformat bzw. Querformat verwenden
fn + control + F	Bildschirm mit Fenster füllen
fn + control + C	Fenster zentriert darstellen

5.3 Nachrichten

Möchten Sie mit anderen Personen übers Internet chatten, können Sie hierzu die bereits verfügbare App ***Nachrichten*** verwenden – wenn gewünscht, mit Tastenkombinationen!

Tasten	Funktion
command + N	Neue Nachricht
command + ←	Konversation löschen
←	Löschen
⇧ + option + command + V	Einsetzen und Stil anpassen
command + F	Suchen
command + G	Weitersuchen (vorwärts)
⇧ + command + G	Weitersuchen (rückwärts)
⇧ + command + Ü	Rechtschreibung und Grammatik ein- bzw. ausblenden
command + Ü	Dokument jetzt prüfen
command + ↩	Nachricht senden
command + R	Letzte Nachricht beantworten
command + T	Tapback-Nachricht
command + E	Letzte Nachricht bearbeiten
⇧ + command + #	Alle Tabs einblenden
command + +	Schrift größer
command + -	Schrift kleiner

option + command + 0	Schrift normal groß
control + command + 1	Nachrichten anzeigen
control + command + 2	Spam anzeigen
control + command + 3	*Zuletzt gelöscht* anzeigen
control + command + U	Nach ungelesenen Nachrichten filtern
⇧ + command + U	Als ungelesen markieren
command + I	Details einblenden
option + command + B	Kontaktkarte einblenden
option + command + E	E-Mail senden
option + command + F	Datei senden
control + ⇥	Nächste Konversation wählen
⇧ + control + ⇥	Vorherige Konversation wählen
command + 0	Zum Fenster *Nachrichten* wechseln

6. Apps für die Organisation

Kontakte verwalten, Termine im Kalender eintragen, Erinnerungen stets im Blick behalten oder Notizen aufschreiben: macOS bietet auch dafür die passenden Apps, die Sie ebenfalls mit Tastenkombinationen nutzen können.

6.1 Kontakte

Machen Sie sich in der folgenden Tabelle zunächst mit nützlichen Tastenkombinationen für die App ***Kontakte*** vertraut.

Tasten	Funktion
command+N	Neue Kontaktkarte
⇧+command+N	Neue Liste
option+command+N	Neue intelligente Liste
command+O	Importieren
command+F	Suchen
command+E	Auswahl für Suche übernehmen
⇧+command+F	In Verzeichnissen suchen
command+L	Kontaktkarte bearbeiten
control+command+S	Listen ein- bzw. ausblenden
option+command+L	Letzten Import ein- bzw. ausblenden
command+Ä	Zur nächsten Kontaktkarte
command+Ö	Zur vorherigen Kontaktkarte
⇧+command+L	Ausgewählte Kontaktkarten zusammenführen
command+#	Als Person bzw. als Firma kennzeichnen
⇧+command+M	Gehe zu meiner Kontaktkarte

option + command + I	Eigenes Bild auswählen
command + I	In eigenem Fenster öffnen
command + 0	Zum Fenster *Kontakte* wechseln

6.2 Kalender

Wenn Sie Ihre Termine mit der App ***Kalender*** verwalten, werden Sie für die nützlichen Tastenkombinationen in der folgenden Tabelle sicher dankbar sein.

Tasten	Funktion
command + N	Neues Ereignis oder neue Erinnerung
option + command + N	Neuer Kalender
option + command + S	Neues Kalenderabonnement
command + D	Duplizieren
command + E	Ereignis bearbeiten
⇧ + command + C	Als »nicht erledigt« markieren
command + I	Informationen
option + command + I	Informationen ein- bzw. ausblenden
command + F	Suchen
⇧ + command + Ü	Rechtschreibung und Grammatik ein- bzw. ausblenden
⇧ + command + #	Alle Tabs einblenden bzw. wieder ausblenden
control + ⇥	Nächsten Tab anzeigen
⇧ + control + ⇥	Vorherigen Tab anzeigen
command + 1	Tagesansicht
command + 2	Wochenansicht

command + 3	Monatsansicht
command + 4	Jahresansicht
command + →	Weiter
command + ←	Zurück
command + T	Heute anzeigen
⇧ + command + T	Datum anzeigen
command + Ä	Zum nächsten Termin
command + Ö	Zum vorherigen Termin
command + +	Schrift größer
command + -	Schrift kleiner
command + R	Kalender aktualisieren
command + 0	Zum Fenster *Kalender* wechseln
⇧ + command + A	Verfügbarkeit

6.3 Erinnerungen

Wenn Sie Ihre Aufgaben verwalten und sich an diese vom Mac erinnern lassen möchten, ist die App ***Erinnerungen*** perfekt geeignet. Tastenkombinationen dazu erhalten Sie im Folgenden.

Tasten	Funktion
command + N	Neue Erinnerung
⇧ + command + N	Neue Liste
option + command + N	Neuer Abschnitt
control + command + N	Neuer Abschnitt mit Auswahl
command + T	Fälligkeitsdatum: *Heute*

option + command + T	Fälligkeitsdatum: *Morgen*
command + K	Fälligkeitsdatum: *Dieses Wochenende*
option + command + K	Fälligkeitsdatum: *Nächste Woche*
control + command + T	Alle überfälligen Erinnerungen als *Heute* markieren
command + F	Suchen
⇧ + command + Ü	Rechtschreibung und Grammatik ein- bzw. ausblenden
command + Ü	Dokument jetzt prüfen
command + 1	*Heute* anzeigen
command + 2	*Geplant* anzeigen
command + 3	*Alle* anzeigen
command + 4	*Markiert* anzeigen
command + 5	*Erledigt* anzeigen
⇧ + command + H	Erledigte Erinnerungen einblenden
command + E	Alle Unteraufgaben einblenden
⇧ + command + E	Alle Unteraufgaben ausblenden
option + command + S	Seitenleiste ein- bzw. ausblenden
command + I	Infos für Liste anzeigen
command + 0	Zum Fenster *Erinnerungen* wechseln

6.4 Notizen

Die App ***Notizen*** ist ein cleveres Instrument, um beispielsweise Ideen festzuhalten oder Inhalte einer Recherche zu sammeln. Sie erhalten im Folgenden eine Übersicht über die dazu passenden Tastenkombinationen.

Wichtige Funktionen

In der nächsten Tabelle finden Sie Tastenkombinationen für die Nutzung wichtiger Funktionen der App ***Notizen***.

Tasten	Funktion
command + N	Neue Notiz
⇧ + command + N	Neuer Ordner
command + D	Notiz duplizieren
⇧ + option + command + V	Einsetzen und Stil anpassen
←	Löschen
⇧ + command + A	Datei anfügen
command + K	Link hinzufügen
option + command + F	Notizenliste durchsuchen
command + F	Suchen
command + G	Weitersuchen (vorwärts)
⇧ + command + G	Weitersuchen (rückwärts)
command + E	Auswahl für Suche übernehmen
command + J	Auswahl anzeigen
⇧ + command + Ü	Rechtschreibung und Grammatik ein- bzw. ausblenden
command + Ü	Dokument jetzt prüfen

Format

Die App ***Notizen*** bietet eine ganze Reihe von Formatieroptionen für die eingefügten Inhalte. Lernen Sie entsprechende Tastenkombinationen in der folgenden Tabelle kennen.

Tasten	Funktion
⇧ + command + T	Formatierung als Titel
⇧ + command + H	Formatierung als Überschrift
⇧ + command + J	Formatierung als Unterüberschrift
⇧ + command + B	Formatierung als Text
⇧ + ´	Formatierung als Zitatblock
⇧ + command + M	Formatierung *als proportional bzw. nichtproportional*
⇧ + command + 7	Formatierung als Aufzählungsliste
⇧ + command + 8	Formatierung als Spiegelstrichliste
⇧ + command + 9	Formatierung als nummerierte Liste
⇧ + command + L	Formatierung als Checkliste
⇧ + command + U	In Checkliste als erledigt markieren
option + command + T	Formatierung als Tabelle
command + T	Schriften ein- bzw. ausblenden
command + B	Fett formatieren
command + I	Kursiv formatieren
command + U	Unterstrichen formatieren
⇧ + command + E	Hervorheben
command + +	Schrift größer
command + -	Schrift kleiner
⇧ + command + C	Farben ein- bzw. ausblenden
option + command + C	Stil kopieren
option + command + V	Stil einsetzen

⇧ + command + Ö	Linksbündig ausrichten
⇧ + command + #	Zentriert ausrichten
⇧ + command + Ä	Rechtsbündig ausrichten
command + Ä	Einrückung erhöhen
command + Ö	Einrückung verringern

Darstellung

Erhalten Sie schließlich noch einige praktische Tastenkombinationen für die Darstellungsoptionen in der App ***Notizen***.

Tasten	Funktion
command + 1	Darstellung als Liste
command + 2	Darstellung als Galerie
command + 3	Anhangübersicht einblenden
option + command + Ä	Nächste Notiz
option + command + Ö	Vorherige Notiz
option + command + S	Ordner ausblenden
control + command + I	Markierungen einblenden
control + command + K	Notizenaktivität einblenden
⇧ + command + .	Vergrößern
⇧ + command + ,	Verkleinern
⇧ + command + 0	Originalgröße
option + command + →	Abschnitt erweitern
⇧ + option + command + →	Alle Abschnitte erweitern
option + command + ←	Abschnitt ausblenden

⇧ + option + command + ←	Alle Abschnitte ausblenden
control + command + Z	Fenster vergrößern bzw. verkleinern
command + 0	Zum Fenster *Notizen* wechseln

6.5 Sprachmemos

Mit der App ***Sprachmemos*** verwandeln Sie Ihren Mac in ein digitales Diktiergerät. Wie Sie diese App mit Tastenkombinationen effizient steuern, entnehmen Sie der folgenden Tabelle.

Tasten	Funktion
command + N	Neue Aufnahme starten
command + S	Bearbeiten beenden
command + D	Duplizieren
⇧ + option + command + V	Einsetzen und Stil anpassen
←	Löschen
command + T	Aufnahme kürzen
⇧ + command + E	Aufnahme optimieren
⇧ + command + X	Stille überspringen
⇧ + command + Ü	Rechtschreibung und Grammatik einblenden
command + Ü	Dokument jetzt prüfen
control + command + S	Seitenleiste ein- bzw. ausblenden
Leer	Wiedergeben/Anhalten
command + ←	15 Sekunden zurückspringen
command + →	15 Sekunden vorspringen

7. Foto-Apps

Auf dem Mac gibt es gleich mehrere Apps, die dem Verwalten, Aufnehmen, Einscannen oder Bearbeiten von Fotos dienen. Lernen Sie auf den nächsten Seiten Tastenkombinationen für die Apps ***Fotos***, ***Digitale Bilder***, ***Photo Booth***, ***Vorschau*** sowie ***Image Playground*** kennen.

7.1 Fotos

Die App ***Fotos*** dient dem Verwalten Ihrer Foto- und Videoaufnahmen, die Sie auf dem Mac gespeichert haben. Aufnahmen vom iPhone oder iPad lassen sich damit ganz leicht auf den Mac übertragen. Auch in dieser App stehen zahlreiche Tastenkombinationen zur Verfügung.

Wichtige Funktionen

Erhalten Sie zunächst einen Überblick über Tastenkombinationen zu wichtigen Funktionen der App ***Fotos***.

Tasten	Funktion
command + N	Neues Album
option + command + N	Neues intelligentes Album
⇧ + command + N	Neuer Ordner
control + command + N	Neuer Rückblickfilm
⇧ + command + I	Importieren
⇧ + option + command + I	Ohne Prüfung importieren
⇧ + command + E	Fotos exportieren
option + command + E	Unbearbeitete Originale exportieren
⇧ + option + command + V	Einsetzen und Stil anpassen

option + command + A	Auswahl aufheben
command + F	Suchen
command + T	Schriften ein- bzw. ausblenden
command + B	Fett formatieren
command + U	Unterstrichen formatieren
⇧ + command + -	Schrift verkleinern
option + command + C	Stil kopieren
option + command + V	Stil einsetzen
⇧ + command + Ü	Rechtschreibung und Grammatik ein- bzw. ausblenden
command + Ü	Dokument jetzt prüfen
command + I	Informationen ein- bzw. ausblenden
command + K	Schlagwortmanager ein- bzw. ausblenden

Bildbearbeitung

Die folgenden Tastenkombinationen werden Ihnen bei der Bildbearbeitung mit der App ***Fotos*** sicher nützlich sein.

Tasten	Funktion
command + R	Gegen den Uhrzeigersinn drehen
option + command + R	Im Uhrzeigersinn drehen
command + E	Verbessern
⇧ + command + C	Änderungen kopieren
⇧ + command + V	Änderungen einsetzen

option + E	Weitere Infos ein- bzw. ausblenden
Leer	Viewer öffnen bzw. schließen
↩	Werkzeuge ein- bzw. ausblenden
option + Leer	Wiedergabe starten
command + L	Foto(s) ausblenden
⇧ + command + K	Als Schlüsselfoto festlegen
control + command + A	Zu Album hinzufügen
control + command + M	Objekte auswählen
command + D	Album duplizieren
←	Löschen

Darstellung

Schließlich finden Sie in der folgenden Tabelle noch einige praktische Tastenkombinationen die Darstellungsoptionen der App ***Fotos*** betreffend.

Tasten	Funktion
command + 1	Ansicht: *Jahre*
command + 2	Ansicht: *Monate*
command + 3	Ansicht: *Alle Fotos*
control + 1	Mediathek: *Fotos*
control + 2	Mediathek: *Sammlungen*
control + 3	Mediathek: *Favoriten*
control + 4	Mediathek: *Zuletzt gesichert*
control + 5	Mediathek: *Karte*

control + 6	Mediathek: *Videos*
control + 7	Mediathek: *Bildschirmfotos*
control + 8	Mediathek: *Personen & Haustiere*
control + 9	Mediathek: *Zuletzt gelöscht*
option + S	Miniaturen ein- bzw. ausblenden
⇧ + command + T	Metadaten: Titel
option + T	Seitenverhältnisraster
Z	Zoomen
command + +	Vergrößern
command + -	Verkleinern
control + command + S	Seitenleiste ein- bzw. ausblenden

7.2 Digitale Bilder

Die kleine, aber feine App ***Digitale Bilder*** dient dem Importieren von Bildern, insbesondere von einem angeschlossenen Scanner. Neben den allgemeinen Tastenkombinationen, die Sie bereits vorn in diesem Buch kennengelernt haben, sollten Sie auch noch die folgenden wenigen Tastenkombinationen kennen.

Tasten	Funktion
control + ⇥	Nächsten Tab anzeigen
⇧ + control + ⇥	Vorherigen Tab anzeigen
⇧ + command + #	Alle Tabs einblenden
option + command + T	Symbolleiste ein- bzw. ausblenden
control + command + S	Seitenleiste ein- bzw. ausblenden

7.3 Photo Booth

Selfies mit witzigen Effekten aufnehmen – dafür können Sie die App ***Photo Booth*** einsetzen. Der Name der App bedeutet so viel wie Fotoautomat. Die folgende Tabelle gibt einen Überblick über die Tastenkombinationen.

Tasten	Funktion
command + ↵	Foto aufnehmen
command + ←	Löschen
command + T	Film kürzen
command + F	Foto spiegeln
command + 1	Foto einblenden
command + 2	Effekte einblenden
command + 3	Letzten Effekt anzeigen
command + →	Nächste Seite mit Effekten
command + ←	Vorherige Seite mit Effekten
⇧ + command + R	Effekt zurücksetzen

7.4 Vorschau

Mit der App ***Vorschau*** lassen sich Bilder sowie PDF-Dateien anzeigen. Sie bietet darüber hinaus einige Werkzeuge, etwa für die Bildbearbeitung oder für das Zusammenführen mehrerer PDF-Dateien zu einem einzigen Dokument.

Wichtige Funktionen

Finden Sie in der folgenden Tabelle zunächst Tastenkombinationen zu wichtigen Funktionen der App ***Vorschau***.

Tasten	Funktion
command + N	Neu aus der Zwischenablage
command + O	Öffnen
⇧ + command + S	Duplizieren
⇧ + command + I	Auswahl umkehren
command + ←	In den Papierkorb legen
command + F	Suchen
command + G	Weitersuchen (vorwärts)
⇧ + command + G	Weitersuchen (rückwärts)
command + E	Auswahl für Suche übernehmen
command + J	Auswahl anzeigen
⇧ + command + Ü	Rechtschreibung und Grammatik ein- bzw. ausblenden
command + Ü	Dokument jetzt prüfen

Darstellung

Die nächste Tabelle gibt Ihnen einen Überblick über Tastenkombinationen zu den Darstellungsoptionen der App ***Vorschau***.

Tasten	Funktion
⇧ + command + #	Alle Tabs einblenden
option + command + 1	Seitenleiste ein- bzw. ausblenden
option + command + 2	Miniaturen
option + command + 3	Inhaltsverzeichnis

option + command + 4	Hervorhebungen und Notizen
option + command + 5	Lesezeichen
option + command + 6	Kontaktbogen
command + 1	Kontinuierlich scrollen
command + 2	Einzelseiten
command + 3	Doppelseiten
option + command + B	Bildhintergrund anzeigen
command + 0	Originalgröße
option + command + 0	Originalgröße auf alles
command + 9	Größe an Fenster anpassen
option + command + 9	Größe von allem anpassen
command + +	Vergrößern
command + -	Verkleinern
option + command + +	Alles vergrößern
option + command + -	Alles verkleinern
⇧ + command + 8	Auswahl zoomen
⇧ + command + A	Werkzeugleiste ein- bzw. ausblenden
option + command + T	Symbolleiste ein- bzw. ausblenden
⇧ + command + F	Diashow

Gehe zu

Die folgenden Tastenkombinationen können die Navigation in der App ***Vorschau*** beschleunigen helfen.

Tasten	Funktion
↑	Aufwärts
↓	Abwärts
option + ↑	Vorheriges Objekt
option + ↓	Nächstes Objekt
option + command + G	Gehe zu Seite
command + Ö	Zurück
command + Ä	Vorwärts

Werkzeuge

Erhalten Sie nun noch einige Tastenkombinationen für die Werkzeuge, die Ihnen in der App ***Vorschau*** zur Verfügung stehen.

Tasten	Funktion
command + I	Informationen ein- bzw. ausblenden
<	Lupe ein- bzw. ausblenden
option + command + C	Farbkorrektur
control + command + H	Text hervorheben
control + command + U	Text unterstreichen
control + command + S	Text durchstreichen
control + command + R	Rechteck
control + command + O	Oval
control + command + I	Linie
control + command + A	Pfeil

control + command + T	Text
control + command + L	Lupe
control + command + N	Notiz
command + D	Lesezeichen hinzufügen
command + L	Links drehen
command + R	Rechts drehen
command + K	Zuschneiden
⇧ + command + K	Hintergrund entfernen

7.5 Image Playground

Die App ***Image Playground*** wurde unter macOS Tahoe eingeführt, um mithilfe der KI-Funktion Apple Intelligence neue Bilder aus vorhandenen Elementen zu generieren. Voraussetzung ist, dass auf Ihrem Mac Apple Intelligence zur Verfügung steht, was nur bei Geräten mit Apple-Chips gegeben ist.

Tasten	Funktion
command + N	Neues Bild
command + S	Bild sichern
command + L	Beschreibung hinzufügen
command + K	Playground zurücksetzen
command + ↑	Person wählen
⇧ + command + S	Stil wählen
Leer	Viewer öffnen
↩	Bearbeiten
command + D	Duplizieren

8. Apps für Musik und Filme

Sie nutzen Ihren Mac auch dazu, Musik oder Filme wiederzugeben? Vielleicht auch, um Musik und Videos zu bearbeiten? Selbstverständlich stehen Ihnen auch hierfür die passenden Apps zur Verfügung, die sich mit cleveren Tastenkombinationen verwenden lassen.

8.1 Musik

Der Wiedergabe von Musik auf Ihrem Mac dient standardmäßig die App ***Musik***. Mit dieser Software verwalten Sie Ihre Musikdateien und können weitere Dateien im integrierten Store erwerben. Sie basiert auf der früheren Mediensoftware iTunes. Die passenden Tastenkombinationen gibt es auf den nächsten Seiten.

Wichtige Funktionen

Die nächste Tabelle stellt Ihnen zunächst Tastenkombinationen zu wichtigen Funktionen der App ***Musik*** vor.

Tasten	Funktion
command + N	Neue Playlist
⇧ + command + N	Neue Playlist aus Auswahl
option + command + N	Intelligente Playlist
command + U	Stream öffnen
command + O	Importieren
command + S	Playlist auf Disc brennen
⇧ + command + R	Im Finder anzeigen
⇧ + command + P	Papierformat
command + I	Informationen

Darstellung

Auch Tastenkombinationen für die Darstellungsoptionen der App ***Musik*** sind im Angebot, die Sie der folgenden Tabelle entnehmen.

Tasten	Funktion
command + *J*	Darstellungsoptionen ein- bzw. ausblenden
option + *command* + *F*	Filterfeld ein- bzw. ausblenden
option + *command* + *U*	»Nächster Titel« ein- bzw. ausblenden
control + *command* + *U*	Liedtext ein- bzw. ausblenden
command + *ß*	Statusleiste ein- bzw. ausblenden

Steuerung

Die praktischen Tastenkombinationen in der folgenden Tabelle dienen der Steuerung der Wiedergabe von Musikdateien mit der App ***Musik***.

Tasten	Funktion
Leer	Wiedergabe starten bzw. pausieren
option + *Leer*	Zufällige Genius-Wiedergabe
command + *.*	Stoppen
command + →	Nächster Titel
command + ←	Vorheriger Titel
command + *L*	Zum aktuellen Titel
command + ↑	Lautstärke erhöhen
command + ↓	Lautstärke verringern
command + *Ö*	Zurück
command + *R*	Seite neu laden

Fenster

Nun noch verschiedene Tastenkombinationen für die einzelnen Fenster, die sich in der App ***Musik*** ein- und natürlich auch wieder ausblenden lassen.

Tasten	Funktion
command+*0*	Hauptfenster
option+*command*+*E*	Equalizer
option+*command*+*M*	MiniPlayer
option+*command*+*L*	Aktivität
command+*T*	Visuelle Effekte
⇧+*command*+*M*	Zum MiniPlayer wechseln
⇧+*command*+*F*	Vollbild-Player

8.2 TV

Mit der App ***TV*** verwalten Sie Filme und geben diese auf Ihrem Mac wieder. Im integrierten Store lassen sie sich kaufen oder ausleihen. Nutzen Sie auch diese App mit cleveren Tastenkombinationen.

Tasten	Funktion
command+*N*	Neue Playlist
command+*O*	Importieren
⇧+*command*+*R*	Im Finder anzeigen
command+*I*	Informationen
command+*0*	Hauptfenster
option+*command*+*L*	Aktivität
command+*J*	Darstellungsoptionen ein- bzw. ausblenden

option + command + F	Filterfeld ein- bzw. ausblenden
command + ß	Statusleiste ein- bzw. ausblenden
Leer	Wiedergabe starten bzw. pausieren
command + →	Weiter
command + ←	Zurück
command + ↑	Lautstärke erhöhen
command + ↓	Lautstärke verringern
command + Ö	Zurück
command + R	Seite neu laden

8.3 Podcasts

Podcasts sind meist kostenlose Radio- oder Videosendungen, die mehr oder weniger regelmäßig von Einzelpersonen, Unternehmen, Organisationen und Co. verbreitet werden. Auch für die App ***Podcasts*** gibt es nützliche Tastenkombinationen.

Tasten	Funktion
command + N	Neuer Sender
⇧ + command + N	Sendung per URL hinzufügen
command + R	Feeds aktualisieren
option + ⇧ + command + V	Einsetzen und Stil anpassen
command + F	Suchen
⇧ + command + Ü	Rechtschreibung und Grammatik ein- bzw. ausblenden
command + Ü	Dokument jetzt prüfen

Leer	Wiedergabe
command + →	Weiter
command + ←	Zurück
⇧ + command + →	30 Sekunden vor
⇧ + command + ←	15 Sekunden zurück
command + L	Zur Sendung
command + ↑	Lautstärke erhöhen
command + ↓	Lautstärke verringern
option + 0	Wiedergabetempo 0,8 x
option + 1	Wiedergabetempo normal
option + 2	Wiedergabetempo 1,3 x
option + 3	Wiedergabetempo 1,5 x
option + 4	Wiedergabetempo 1,8 x
option + 5	Wiedergabetempo 2 x
option + command + ↑	Schnellere Wiedergabe
option + command + ↓	Langsamere Wiedergabe

8.4 QuickTime Player

Die App ***QuickTime Player*** dient der Wiedergabe, aber auch dem Aufzeichnen von Video- oder Audiodateien. Sogar die Displayinhalte eines verbundenen iPhones oder iPads lassen sich damit aufzeichnen. Tastenkombinationen dazu gibt es im Folgenden.

Wichtige Funktionen

In der folgenden Tabelle gibt es zunächst Tastenkombinationen zu wichtigen Funktionen der App ***QuickTime Player***.

Tasten	Funktion
option + command + N	Neue Filmaufnahme
⇧ + command + N	Neue Audioaufnahme
control + command + N	Neue Bildschirmaufnahme
command + O	Datei öffnen
command + L	Adresse öffnen
⇧ + command + O	Bildsequenz öffnen
command + S	Sichern
⇧ + option + command + S	Sichern unter
⇧ + command + S	Duplizieren
command + I	Filminformationen ein- bzw. ausblenden
option + command + P	Exportstatus ein- bzw. ausblenden

Bearbeiten

In der nächsten Tabelle finden Sie Tastenkombinationen für die Bearbeitungsoptionen in der App *QuickTime Player*.

Tasten	Funktion
⇧ + command + L	Nach links drehen
⇧ + command + R	Nach rechts drehen
⇧ + command + H	Horizontal spiegeln
⇧ + command + V	Vertikal spiegeln
command + Y	Clip teilen
command + T	Kürzen

Darstellung

Für die Anpassung der Darstellungsoptionen stehen Ihnen in der App ***QuickTime Player*** ebenfalls Tastenkombinationen zur Verfügung.

Tasten	Funktion
command + 1	Originalgröße
command + 3	An Bildschirm anpassen
command + 4	Bildschirmfüllend
command + 5	Panorama
command + +	Vergrößern
command + -	Verkleinern
⇧ + command + →	Nächstes Kapitel
⇧ + command + ←	Vorheriges Kapitel
command + E	Clips einblenden
command + U	Audiospur einblenden
option + command + L	Endlosschleife

8.5 DVD Player

Gesetzt den Fall, Sie haben ein DVD-Laufwerk an Ihren Mac angeschlossen, können Sie mit der integrierten App ***DVD Player*** Ihre Filme wiedergeben. Auch dazu lassen sich Tastenkombinationen verwenden.

Tasten	Funktion
command + O	DVD-Medien öffnen
⇧ + option + command + V	Einsetzen und Stil anpassen
Leer	Wiedergabe

command + .	Stoppen
command + →	Schneller Vorlauf
command + ←	Schneller Rücklauf
command + E	DVD auswerfen
option + command + T	Erweiterte Untertitel ein- bzw. ausschalten
command + D	Gehe zu DVD-Menü
⇧ + command + D	Gehe zu Anfang der DVD
←	Gehe zu vorherigem Kapitel
→	Gehe zu nächstem Kapitel
option + command + ←	5 Sekunden zurückspringen
option + command + →	5 Sekunden vorspringen

8.6 iMovie

Die Videobearbeitungs-App ***iMovie*** ist zwar nicht direkt Bestandteil des Betriebssystems macOS, aber steht gratis zur Verfügung. Erfahren Sie, wie Sie diese App mithilfe von Tastenkombinationen bedienen können.

Ablage

Die folgende Tabelle stellt Ihnen Tastenkombinationen zu wichtigen Ablage-Funktionen der App ***iMovie*** vor.

Tasten	Funktion
command + N	Neuer Film
⇧ + command + N	Neuer Trailer
option + N	Neues Ereignis
command + I	Medien importieren

command + F	Im Ereignis anzeigen
⇧ + command + R	Im Finder anzeigen
command + ←	Projekt löschen

Bearbeiten

Tastenkombinationen zu verschiedenen Bearbeitungsoptionen in der App *iMovie* erhalten Sie in der folgenden Tabelle.

Tasten	Funktion
option + command + V	Anpassungen einsetzen: Alle
option + command + C	Anpassungen einsetzen: Farbkorrektur
option + command + R	Anpassungen einsetzen: Beschneiden
option + command + A	Anpassungen einsetzen: Lautstärke
option + command + L	Anpassungen einsetzen: Clipfilter
option + command + O	Anpassungen einsetzen: Audioeffekt
option + command + S	Anpassungen einsetzen: Geschwindigkeit
option + command + U	Anpassungen einsetzen: Einstellungen für Videoüberlagerungen
option + command + M	Anpassungen einsetzen: Kartenstil
←	Löschen
⇧ + option + ←	Keyframes löschen
command + D	Duplizieren
X	Gesamten Clip auswählen
⇧ + command + A	Auswahl aufheben
E	Zum Film hinzufügen

Q	Verbundene Medien hinzufügen
W	Einfügen
command + T	Überblenden hinzufügen
command + F	Suchen

Markieren

In der folgenden Tabelle finden Sie einige Tastenkombinationen zum Thema Markieren in der App *iMovie*.

Tasten	Funktion
F	Favorit
←	Ablehnen
U	Keine Wertung
M	Neuer Marker
⇧ + control + M	Marker löschen

Ändern

Bei der Videobearbeitung verschiedene Änderungen vornehmen – auch dazu lassen sich die unterschiedlichsten Tastenkombinationen verwenden. Lernen Sie diese mithilfe der nächsten Tabelle kennen!

Tasten	Funktion
⇧ + command + E	Verbessern
⇧ + command + M	Audio stummschalten
option + Ü	Auf Auswahl trimmen
,	Clip-Rand trimmen: nach links schieben

.	Clip-Rand trimmen: nach rechts schieben
⇧+,	Clip-Rand trimmen: weit nach links schieben
⇧+.	Clip-Rand trimmen: weit nach rechts schieben
command+B	Clip teilen
⇧+command+B	Clips einbinden
option+command+B	Audio trennen
option+F	Standbild hinzufügen
⇧+option+R	Geschwindigkeit zurücksetzen

Darstellung

In der folgenden Tabelle finden Sie Tastenkombinationen zu den Darstellungsoptionen in der App ***iMovie***.

Tasten	Funktion
Leer	Wiedergeben
Ü	Auswahl wiedergeben
#	Wiedergabe ab Anfang
⇧+command+F	Auf gesamtem Bildschirm wiedergeben
command+L	Endlosschleife
control+Y	Skimmer-Informationen ein- bzw. ausblenden
command++	Vergrößern
command+-	Verkleinern
⇧+Z	Alle Clips zoomen
N	Einrasten
⇧+S	Audiomaterial überfliegen

Fenster

Schließlich gibt es noch Tastenkombinationen für die unterschiedlichen Fenster in der App *iMovie*.

Tasten	Funktion
F5	Zoomen
1	Zu *Medien* wechseln
2	Zu *Projekte* wechseln
⇧+command+1	Mediatheken ein- bzw. ausblenden
command+1	Inhaltsmediathek: Meine Medien
command+2	Inhaltsmediathek: Audio
command+3	Inhaltsmediathek: Titel
command+4	Inhaltsmediathek: Hintergründe
command+5	Inhaltsmediathek: Übergänge
command+6	Thema auswählen
command+R	Clip-Trimmer
command+Ü	Präzisionseditor
V	VoiceOver aufnehmen

8.7 GarageBand

Die App *GarageBand* ist eine von Apple kostenlos zur Verfügung gestellte Software für die Produktion eigener Musik. Selbstverständlich stehen auch für die Nutzung dieser App eine Reihe praktischer Tastenkombinationen bereit.

Wichtige Funktionen

Finden Sie in der folgenden Tabelle erst mal wieder Tastenkombinationen für die Nutzung wichtiger Basisfunktionen der App ***GarageBand***.

Tasten	Funktion
command + N	Neu
command + O	Öffnen
command + S	Sichern
⇧ + command + S	Sichern unter
⇧ + control + O	Region zur Loop-Bibliothek
control + command + M	Zoomen
command + K	Musik-Tastatur ein- bzw. ausblenden

Spur

Für den Umgang mit den einzelnen Spuren in den von Ihnen produzierten Musikstücken stehen Ihnen ebenfalls Tastenkombinationen zur Verfügung.

Tasten	Funktion
option + command + N	Neue Spuren
command + D	Neue Spur (Einstellung duplizieren)
⇧ + ↵	Spur umbenennen
command + ←	Spur löschen
⇧ + command + A	Arrangementspur einblenden
⇧ + command + O	Filmspur einblenden
⇧ + command + X	Transpositionsspur einblenden

⇧ + command + T	Tempospur einblenden
⇧ + command + M	Master-Spur einblenden
option + C	Spurfarbe zuweisen
A	Automation einblenden
⇧ + control + command + ←	Alle Automationsdaten der ausgewählten Spur löschen

Ansicht

Schließlich gibt es auch einige Ansichtsoptionen in der App ***GarageBand***, die sich per Tastenkombination verwenden lassen.

Tasten	Funktion
Y	Bibliothek ein- bzw. ausblenden
B	Smart Controls ein- bzw. ausblenden
E	Editor ein- bzw. ausblenden
option + command + P	Notiz ein- bzw. ausblenden
O	Loop-Browser ein- bzw. ausblenden

9. Office-Apps

Die Office-Apps ***Pages***, ***Numbers*** und ***Keynote*** werden unter der Bezeichnung iWork zusammengefasst. Die iWork-Suite gehört – wie ***iMovie*** und ***GarageBand*** – nicht direkt zu macOS, steht Ihnen jedoch als Mac-Nutzer kostenlos zur Verfügung.

9.1 Pages

Pages ist die Textverarbeitungs-App in der iWork-Suite. Die App kann beispielsweise als Alternative zu Microsoft Word dienen. Machen Sie sich im Folgenden mit nützlichen Tastenkombinationen für diese App vertraut.

Wichtige Funktionen

Die folgende Tabelle bietet Ihnen einen Überblick über wichtige Basisfunktionen der App ***Pages***, wobei bereits zu Beginn des Buches kennengelernte Fensterfunktionen oder das Kopieren und Einsetzen ausgespart werden.

Tasten	Funktion
command + N	Vorlagenauswahl aufrufen
esc	Vorlagenauswahl schließen
command + O	Öffnen
command + S	Sichern
⇧ + option + command + S	Sichern unter
⇧ + command + P	Papierformat
⇧ + option + command + V	Einsetzen und Stil anpassen
command + D	Auswahl duplizieren
⇧ + command + A	Auswahl aufheben

option + command + A	Änderung annehmen
option + command + R	Änderung ablehnen
command + F	Suchen
command + G	Weitersuchen (vorwärts)
⇧ + command + G	Weitersuchen (rückwärts)
command + E	Auswahl suchen
command + J	Zur Auswahl
⇧ + command + Ü	Rechtschreibung und Grammatik ein- bzw. ausblenden
command + Ü	Dokument jetzt prüfen

Einfügen

Als Nächstes folgen einige Tastenkombinationen zum Einfügen verschiedener Elemente in Ihre Pages-Dokumente.

Tasten	Funktion
command + ↩	Seitenumbruch
⇧ + option + command + P	Mit Stift zeichnen
⇧ + command + H	Markierung
⇧ + command + K	Kommentar
option + command + B	Lesezeichen
option + command + E	Gleichung
⇧ + option + command + E	EndNote-Anführung (EndNote ist ein externes Literatur-Verwaltungsprogramm)
⇧ + command + V	Auswählen

Navigieren

Die nächste Tabelle bietet Tastenkombinationen für die rasche Navigation innerhalb eines Dokuments.

Tasten	Funktion
←	Zeichen nach links
→	Zeichen nach rechts
↑	Zeile nach oben
↓	Zeile nach unten
control + option + B	Zum Anfang des aktuellen bzw. vorherigen Wortes springen
control + option + F	Zum Ende des aktuellen bzw. nächsten Wortes springen
command + ↑	Zum Anfang des aktuellen Textbereichs springen
command + ↓	Zum Ende des aktuellen Textbereichs springen
option + ↑	Zum Anfang des aktuellen Absatzes springen
option + ↓	Zum Ende des aktuellen Absatzes springen
command + ←	Zum Anfang der aktuellen Zeile springen
command + →	Zum Ende der aktuellen Zeile springen
fn + ↑	Eine Seite nach oben scrollen
fn + ↓	Eine Seite nach unten scrollen
fn + ←	Zum Anfang des Dokuments springen
fn + →	Zum Ende des Dokuments springen

Markieren

Die folgenden Tastenkombinationen werden Ihnen beim Markieren von Text in einem Dokument sicher dienlich sein.

Tasten	Funktion
⇧ + ←	Zeichen nach links markieren
⇧ + →	Zeichen nach rechts markieren
⇧ + ↑	Zeile nach oben markieren
⇧ + ↓	Zeile nach unten markieren
option + *command* + ←	Bis zum Anfang des aktuellen Wortes markieren
option + *command* + →	Bis zum Ende des aktuellen Wortes markieren
⇧ + *command* + ↑	Bis zum Anfang des aktuellen Textbereichs markieren
⇧ + *command* + ↓	Bis zum Ende des aktuellen Textbereichs markieren
option + ⇧ + ↑	Bis zum Anfang des aktuellen Absatzes markieren
option + ⇧ + ↓	Bis zum Ende des aktuellen Absatzes markieren
⇧ + *command* + ←	Bis zum Anfang der aktuellen Zeile markieren
⇧ + *command* + →	Bis zum Ende der aktuellen Zeile markieren
Doppelklick	Doppelklick auf Wort, um dieses zu markieren
Dreifachklick	Dreifachklick in Absatz, um diesen zu markieren

Format

Zahlreiche der Formatieroptionen in ***Pages*** lassen sich ebenfalls mit Tastenkombinationen festlegen, wie die folgende Tabelle zeigt.

Tasten	Funktion
command + T	Schriften ein- bzw. ausblenden
command + B	Fett formatieren
command + I	Kursiv formatieren
command + U	Unterstrichen formatieren
command + +	Schrift größer
command + -	Schrift kleiner
option + command + Ö	Zeichenabstand enger
option + command + Ä	Zeichenabstand weiter
control + command + +	Hochgestellt
control + command + -	Tiefgestellt
⇧ + command + Ö	Linksbündig ausrichten
⇧ + command + #	Zentriert ausrichten
⇧ + command + Ä	Rechtsbündig ausrichten
⇧ + option + command + #	Im Blocksatz ausrichten
option + command + U	Tabellenzelle automatisch ausrichten
command + Ä	Einzug-Ebene der Liste erhöhen
command + Ö	Einzug-Ebene der Liste verringern
option + command + ←	Tabellenzeile löschen
control + command + ←	Tabellenspalte löschen
control + command + M	Zellen verbinden
⇧ + control + command + M	Zellen teilen
⇧ + command + D	Datenreihen bearbeiten
⇧ + command + M	Maske bearbeiten

option + command + C	Stil kopieren
option + command + V	Stil einsetzen
command + K	Link bearbeiten
control + option + command + T	Als Platzhaltertext festlegen
control + option + command + I	Als Medienplatzhalter definieren

Löschen

Möchten Sie einzelne Zeichen oder noch mehr Text aus einem Dokument löschen? Dabei sind Ihnen die folgenden Tastenkombinationen behilflich.

Tasten	Funktion
control + H	Ein Zeichen nach links löschen
control + D	Ein Zeichen nach rechts löschen
control + K	Text zwischen Einfügemarke und nächstem Absatz löschen

Anordnen

Die nächste Tabelle enthält einige Tastenkombinationen, die das Anordnen von Elementen in der App *Pages* betreffen.

Tasten	Funktion
⇧ + option + command + F	Nach vorne
⇧ + command + F	Ganz nach vorne
⇧ + option + command + B	Nach hinten
⇧ + command + B	Ganz nach hinten
command + L	Schützen

option + command + L	Schutz aufheben
option + command + G	Gruppieren
⇧ + option + command + G	Gruppierung aufheben

Darstellung

Nun noch eine Reihe von Tastenkombinationen für die Darstellungsoptionen in der App *Pages*.

Tasten	Funktion
option + command + I	Infofenster ein- bzw. ausblenden
control + <	Nächsten Tab im Infofenster anzeigen
⇧ + control + <	Vorherigen Tab im Infofenster anzeigen
⇧ + command + W	Wortanzahl ein- bzw. ausblenden
command + R	Lineal ein- bzw. ausblenden
⇧ + command + E	Seitenvorlage bearbeiten
⇧ + command + L	Layout ein- bzw. ausblenden
⇧ + command + I	Steuerzeichen ein- bzw. ausblenden
⇧ + command + T	Kommentar- und Änderungsbereich ein- bzw. ausblenden
option + command + K	Nächsten Kommentar anzeigen
⇧ + option + command + K	Vorherigen Kommentar anzeigen
⇧ + command + C	Farben ein- bzw. ausblenden
⇧ + option + command + .	Ansicht vergrößern
⇧ + option + command + ,	Ansicht verkleinern
command + 0	Originalgröße

⇧ + command + 0	Auf Auswahl zoomen
option + command + T	Symbolleiste ein- bzw. ausblenden

9.2 Numbers

Die Tabellenkalkulations-App in der iWork-Suite trägt den Namen ***Numbers***. Sie kommt im Funktionsumfang zwar nicht an Microsoft Excel heran, ist aber doch für den Hausgebrauch in vielen Fällen ausreichend. Lernen Sie im Folgenden nützliche Tastenkombinationen für diese App kennen.

Wichtige Funktionen

Erhalten Sie zunächst mal einen Überblick über Tastenkombinationen zu wichtigen Funktionen der App ***Numbers***.

Tasten	Funktion
command + N	Neu
command + O	Öffnen
command + S	Sichern
⇧ + option + command + S	Sichern unter
⇧ + command + S	Duplizieren
⇧ + option + command + V	Einsetzen und Stil anpassen
⇧ + command + V	Formelergebnisse einsetzen
command + D	Auswahl duplizieren
⇧ + command + A	Auswahl aufheben
command + ↩	Übergeordnetes Objekt auswählen
⇧ + control + +	Zelle als Formel bearbeiten
command + F	Suchen

command + G	Weitersuchen (vorwärts)
⇧ + command + G	Weitersuchen (rückwärts)
command + E	Auswahl für Suche übernehmen
command + J	Auswahl anzeigen
⇧ + command + Ü	Rechtschreibung und Grammatik ein- bzw. ausblenden
command + Ü	Dokument jetzt prüfen

Einfügen

Einige Elemente lassen sich in *Numbers* auch per Tastenkombination einfügen, die Sie in der folgenden Tabelle finden.

Tasten	Funktion
⇧ + command + N	Blatt
⇧ + command + K	Kommentar
option + command + E	Gleichung
⇧ + control + command + D	Aktuelles Datum einfügen
⇧ + control + command + T	Aktuelle Zeit einfügen

Navigieren

Auch zum Navigieren in der App ***Numbers*** stehen Ihnen nützliche Tastenkombinationen zur Verfügung, die Sie der folgenden Tabelle entnehmen.

Tasten	Funktion
←	Zeichen nach links
→	Zeichen nach rechts

↑	Zeile nach oben
↓	Zeile nach unten
control + option + B	Zum Anfang des aktuellen bzw. vorherigen Wortes springen
control + option + F	Zum Ende des aktuellen bzw. nächsten Wortes springen
command + ↑	Zum Anfang des aktuellen Textbereichs springen
command + ↓	Zum Ende des aktuellen Textbereichs springen
option + ↑	Zum Anfang des aktuellen Absatzes springen
option + ↓	Zum Ende des aktuellen Absatzes springen
command + ←	Zum Anfang der aktuellen Zeile springen
command + →	Zum Ende der aktuellen Zeile springen
fn + ←	Zum Anfang des Blatts springen
fn + →	Zum Ende des Blatts springen
control + V	Eine Seite nach unten

Markieren

Wenn Sie Inhalte in der App ***Numbers*** markieren möchten, können Sie dazu die folgenden Tastenkombinationen einsetzen.

Tasten	Funktion
⇧ + ←	Zeichen nach links markieren
⇧ + →	Zeichen nach rechts markieren
⇧ + ↑	Zeile nach oben markieren
⇧ + ↓	Zeile nach unten markieren

option + command + ←	Bis zum Anfang des aktuellen Wortes markieren
option + command + →	Bis zum Ende des aktuellen Wortes markieren
⇧ + command + ↑	Bis zum Anfang des aktuellen Textbereichs markieren
⇧ + command + ↓	Bis zum Ende des aktuellen Textbereichs markieren
option + ⇧ + ↑	Bis zum Anfang des aktuellen Absatzes markieren
option + ⇧ + ↓	Bis zum Ende des aktuellen Absatzes markieren
⇧ + command + ←	Bis zum Anfang der aktuellen Zeile markieren
⇧ + command + →	Bis zum Ende der aktuellen Zeile markieren
Doppelklick	Doppelklick auf Wort, um dieses zu markieren
Dreifachklick	Dreifachklick in Absatz, um diesen zu markieren

Format

Als Nächstes folgt eine Reihe von Tastenkombinationen, die sich zum Formatieren in ***Numbers*** einsetzen lassen.

Tasten	Funktion
command + T	Schriften ein- bzw. ausblenden
command + B	Fett formatieren
command + I	Kursiv formatieren
command + U	Unterstrichen formatieren
command + +	Schrift größer
command + -	Schrift kleiner
option + command + Ö	Zeichenabstand enger
option + command + Ä	Zeichenabstand weiter

control + command + +	Hochgestellt
control + command + -	Tiefgestellt
option + command + U	Tabellenzeile automatisch ausrichten
command + Ä	Einzug-Ebene der Liste erhöhen
command + Ö	Einzug-Ebene der Liste verringern
⇧ + command + D	Diagrammdaten bearbeiten
⇧ + command + M	Maske bearbeiten
option + command + C	Stil kopieren
option + command + V	Stil einsetzen
control + option + command + T	Als Textplatzhalter definieren
control + option + command + I	Als Medienplatzhalter definieren

Löschen

In der App ***Numbers*** stehen Ihnen Tastenkombinationen zur Verfügung, um Text innerhalb von Zellen zu bearbeiten. Entnehmen Sie der folgenden Tabelle die passenden Tastenkombinationen.

Tasten	Funktion
option + command + ←	Zeile löschen
control + command + ←	Spalte löschen
control + H	Ein Zeichen nach links löschen
control + D	Ein Zeichen nach rechts löschen
control + K	Text zwischen Einfügemarke und nächstem Absatz löschen

Organisieren und Anordnen

Die folgende Tabelle enthält Tastenkombinationen zum Organisieren und Anordnen in der App ***Numbers***.

Tasten	Funktion
control + command + M	Zellen verbinden
⇧ + control + command + M	Zellen teilen
command + 8	Ausgewählte Gruppen reduzieren
⇧ + command + 8	Ausgewählte Gruppen und Untergruppen reduzieren
option + command + 8	Peer-Gruppen reduzieren
⇧ + option + command + 8	Alle Gruppen reduzieren
command + 9	Ausgewählte Gruppen erweitern
⇧ + command + 9	Ausgewählte Gruppen und Untergruppen erweitern
option + command + 9	Peer-Gruppen erweitern
⇧ + option + command + 9	Alle Gruppen erweitern
⇧ + option + command + F	Nach vorne
⇧ + command + F	Ganz nach vorne
⇧ + option + command + B	Nach hinten
⇧ + command + B	Ganz nach hinten
command + L	Schützen
option + command + L	Schutz aufheben
option + command + G	Gruppieren
⇧ + option + command + G	Gruppierung aufheben

Darstellung

Die folgende Tabelle bietet Ihnen Tastenkombinationen für die clevere Nutzung der Darstellungsoptionen in der App ***Numbers***.

Tasten	Funktion
option + command + I	Infofenster ein- bzw. ausblenden
control + <	Nächsten Tab im Infofenster anzeigen
⇧ + control + <	Vorherigen Tab im Infofenster anzeigen
command + R	Lineale ein- bzw. ausblenden
option + command + K	Nächsten Kommentar anzeigen
⇧ + option + command + K	Vorherigen Kommentar anzeigen
⇧ + command + C	Farben ein- bzw. ausblenden
⇧ + option + command + .	Ansicht vergrößern
⇧ + option + command + ,	Ansicht verkleinern
command + 0	Originalgröße
⇧ + command + 0	Auf Auswahl zoomen
option + command + T	Symbolleiste ein- bzw. ausblenden

Fenster

Zum Schluss erhalten Sie noch einige Tastenkombinationen zu diversen Fensteroptionen in der App ***Numbers***.

Tasten	Funktion
⇧ + control + ⇥	Vorherigen Tab anzeigen
control + ⇥	Nächsten Tab anzeigen

⇧+command+Ö	Vorheriges Blatt anzeigen
⇧+command+Ä	Nächstes Blatt anzeigen
⇧+control+command+Ö	Erstes Blatt anzeigen
⇧+control+command+Ä	Letztes Blatt anzeigen

9.3 Keynote

Die App *Keynote* in der iWork-Suite dient dem Erstellen von Präsentationen. Die App kann durchaus als Alternative zu Microsoft PowerPoint betrachtet werden, auch wenn PowerPoint insgesamt der gängigere Standard ist. Machen Sie sich auf den nächsten Seiten mit pfiffigen Tastenkombinationen für die App *Keynote* vertraut.

Wichtige Funktionen

Die folgende Tabelle enthält Tastenkombinationen, die sich zum Aufrufen wichtiger Funktionen in der App *Keynote* verwenden lassen.

Tasten	Funktion
command+N	Neue Präsentation
command+O	Präsentation öffnen
⇧+command+N	Neue Folie
⇧+command+H	Folie ausblenden
command+S	Sichern
⇧+option+command+S	Sichern unter
⇧+command+S	Duplizieren
⇧+option+command+V	Einsetzen und Stil anpassen

command + D	Auswahl duplizieren
⇧ + command + A	Auswahl aufheben
command + ↵	Übergeordnetes Objekt auswählen
command + F	Suchen
command + G	Weitersuchen (vorwärts)
⇧ + command + G	Weitersuchen (rückwärts)
command + E	Auswahl für Suche übernehmen
command + J	Auswahl anzeigen
⇧ + command + Ü	Rechtschreibung und Grammatik ein- bzw. ausblenden
command + Ü	Dokument jetzt prüfen
option + command + P	Präsentation vorführen

Einfügen

Zum Einfügen bietet die App ***Keynote*** nur wenige Tastenkombinationen an, aber diese sollten Sie auf alle Fälle kennen!

Tasten	Funktion
⇧ + command + K	Kommentar
option + command + E	Gleichung
⇧ + command + V	Auswählen
⇧ + option + command + P	Mit Stift zeichnen

Navigieren

Nutzen Sie die folgenden Tastenkombinationen, um in der App ***Keynote*** effizienter zu navigieren.

Tasten	Funktion
←	Zeichen nach links
→	Zeichen nach rechts
↑	Zeile nach oben
↓	Zeile nach unten
control + option + B	Zum Anfang des aktuellen bzw. vorherigen Wortes springen
control + option + F	Zum Ende des aktuellen bzw. nächsten Wortes springen
command + ↑	Zum Anfang des aktuellen Textbereichs springen
command + ↓	Zum Ende des aktuellen Textbereichs springen
option + ↑	Zum Anfang des aktuellen Absatzes springen
option + ↓	Zum Ende des aktuellen Absatzes springen
command + ←	Zum Anfang der aktuellen Zeile springen
command + →	Zum Ende der aktuellen Zeile springen
fn + ←	Zur ersten Folie springen
fn + →	Zur letzten Folie springen
fn + ↓	Zur nächsten Folie bewegen
fn + ↑	Zur vorherigen Folie bewegen

Markieren

Auch in der App ***Keynote*** lassen sich Tastenkombinationen einsetzen, um Elemente für die weitere Bearbeitung zu markieren.

Tasten	Funktion
⇧+←	Zeichen nach links markieren
⇧+→	Zeichen nach rechts markieren
⇧+↑	Zeile nach oben markieren
⇧+↓	Zeile nach unten markieren
option+*command*+←	Bis zum Anfang des aktuellen Wortes markieren
option+*command*+→	Bis zum Ende des aktuellen Wortes markieren
⇧+*command*+↑	Bis zum Anfang des aktuellen Textbereichs markieren
⇧+*command*+↓	Bis zum Ende des aktuellen Textbereichs markieren
option+⇧+↑	Bis zum Anfang des aktuellen Absatzes markieren
option+⇧+↓	Bis zum Ende des aktuellen Absatzes markieren
⇧+*command*+←	Bis zum Anfang der aktuellen Zeile markieren
⇧+*command*+→	Bis zum Ende der aktuellen Zeile markieren
Doppelklick	Doppelklick auf Wort, um dieses zu markieren
Dreifachklick	Dreifachklick in Absatz, um diesen zu markieren

Format

Das Formatieren gelingt mit Tastenkombinationen besonders schnell – auch in der Präsentations-App ***Keynote***.

Tasten	Funktion
command + T	Schriften ein- bzw. ausblenden
command + B	Fett formatieren
command + I	Kursiv formatieren
command + U	Unterstrichen formatieren
command + +	Schrift größer
command + -	Schrift kleiner
option + command + Ö	Zeichenabstand enger
option + command + Ä	Zeichenabstand weiter
control + command + +	Hochgestellt
control + command + -	Tiefgestellt
⇧ + command + Ö	Linksbündig ausrichten
⇧ + command + #	Zentriert ausrichten
⇧ + command + Ä	Rechtsbündig ausrichten
⇧ + option + command + #	Im Blocksatz ausrichten
option + command + U	Tabellenzelle automatisch ausrichten
command + Ä	Einzugsebene erhöhen
command + Ö	Einzugsebene verringern
⇧ + command + D	Datenreihen bearbeiten
⇧ + command + M	Maske bearbeiten
option + command + C	Stil kopieren
option + command + V	Stil einsetzen
command + K	Link hinzufügen
control + option + command + T	Als Textplatzhalter definieren
control + option + command + I	Als Medienplatzhalter definieren

Löschen

Zum Löschen von einzelnen Zeichen oder mehr Text in Ihren Präsentationen können Sie die in der folgenden Tabelle vorgestellten Tastenkombinationen verwenden.

Tasten	Funktion
control + H	Ein Zeichen nach links löschen
control + D	Ein Zeichen nach rechts löschen
control + K	Text zwischen Einfügemarke und nächstem Absatz löschen

Anordnen

In der nächsten Tabelle finden Sie Tastenkombinationen, die Ihnen beim Anordnen von Elementen in der App ***Keynote*** dienlich sein werden.

Tasten	Funktion
⇧ + option + command + F	Nach vorne
⇧ + command + F	Ganz nach vorne
⇧ + option + command + B	Nach hinten
⇧ + command + B	Ganz nach hinten
command + L	Schützen
option + command + L	Schutz aufheben
option + command + G	Gruppieren
⇧ + option + command + G	Gruppierung aufheben

Darstellung

Die folgende Tabelle enthält noch einige Tastenkombinationen für die mauslose Nutzung verschiedener Darstellungsoptionen in der App ***Keynote***.

Tasten	Funktion
option + command + I	Infofenster ein- bzw. ausblenden
control + <	Nächsten Tab im Infofenster anzeigen
⇧ + control + <	Vorherigen Tab im Infofenster anzeigen
⇧ + command + E	Folienlayouts bearbeiten
⇧ + command + P	Moderatornotizen ein- bzw. ausblenden
⇧ + command + L	Objektliste ein- bzw. ausblenden
command + R	Lineale ein- bzw. ausblenden
option + command + K	Nächsten Kommentar anzeigen
⇧ + option + command + K	Vorherigen Kommentar anzeigen
⇧ + command + C	Farben ein- bzw. ausblenden
⇧ + option + command + .	Ansicht vergrößern
⇧ + option + command + ,	Ansicht verkleinern
command + 0	Originalgröße
option + command + 0	Folie anpassen
⇧ + command + 0	Auf Auswahl zoomen
⇧ + option + command + 0	Inhalt passend zoomen
⇧ + option + command + T	Symbolleiste ein- bzw. ausblenden

10. Sonstige Apps

In diesem Kapitel finden Sie Tastenkombinationen für ganz verschiedene Apps. Dass diese sich im Kapitel »Sonstige Apps« befinden, will aber nicht heißen, dass es sich um unwichtige Apps handelt – im Gegenteil!

10.1 App Store

Aus dem App Store beziehen Sie weitere Apps für Ihren Mac, wenn Ihnen die bereits verfügbaren Standard-Apps nicht ausreichen – was in der Regel der Fall ist. Hier einige nützliche Tastenkombinationen für den App Store.

Tasten	Funktion
command + Ö	Im Store zurückblättern
command + R	Seite neu laden
command + F	Suchen
⇧ + command + S	Alle anzeigen
command + 1	Entdecken
command + 2	Arcade
command + 3	Erstellen
command + 4	Arbeiten
command + 5	Spielen
command + 6	Entwickeln
command + 7	Kategorien
command + 8	Updates
command + 0	Account
⇧ + command + ↩	Zoomen
option + ⇧ + command + ↩	Alle zoomen

10.2 Karten

Mit der App ***Karten*** lassen sich Straßenkarten, Satellitenaufnahmen und Infos zum öffentlichen Nahverkehr aufrufen; auch eine zuverlässige Routenplanung ist kein Problem. Setzen Sie auch in der App ***Karten*** nützliche Tastenkombinationen ein!

Tasten	Funktion
option + *command* + *A*	Profil in der App ***Karten*** einblenden
command + *N*	Neues Fenster
⇧ + *command* + *S*	Duplizieren
⇧ + *command* + *D*	Standort markieren
command + *F*	Suchen
⇧ + *command* + *Ü*	Rechtschreibung und Grammatik ein- bzw. ausblenden
command + *Ü*	Dokument jetzt prüfen
⇧ + *command* + *#*	Alle Tabs einblenden
command + *1*	Erkunden
command + *2*	Fahren
command + *3*	ÖPNV
command + *4*	Satellit
command + *0*	Standardzoom
command + *+*	Vergrößern
command + *-*	Verkleinern
⇧ + *command* + *↑*	Nordausrichtung
command + *D*	3D-Karte einblenden
command + *K*	*Umsehen* einblenden

command + L	Zum aktuellen Ort
command + R	Route ein- bzw. ausblenden
control + command + S	Seitenleiste ein- bzw. ausblenden
⇧ + control + ⇥	Vorherigen Tab anzeigen
control + ⇥	Nächsten Tab anzeigen

10.3 Rechner

Die App ***Rechner*** bietet über die Standards für Fensterfunktionen, Kopieren etc. hinaus nur wenige Tastenkombinationen. Aber die sind dann doch extrem praktisch!

Tasten	Funktion
command + 1	Darstellung: Standard
command + 2	Darstellung: Wissenschaftlich
command + 3	Darstellung: Programmierer
command + R	Umgekehrte polnische Notation
option + command + M	Mathematische Notizen
control + command + S	Verlauf ein- bzw. ausblenden

10.4 TextEdit

TextEdit ist ein kleiner, aber feiner Texteditor, der wie die App ***Pages*** zum Erstellen von Dokumenten verwendet werden kann, aber einen deutlich geringeren Funktionsumfang zu bieten hat. Wer es unkompliziert mag, wird zwischendurch gern mit ***TextEdit*** arbeiten.

Wichtige Funktionen

Die folgende Tabelle gibt Ihnen als Erstes einen Überblick über Tastenkombinationen zu wichtigen Funktionen in der App *TextEdit*.

Tasten	Funktion
command + N	Neu
command + O	Öffnen
command + S	Sichern
⇧ + option + command + S	Sichern unter
⇧ + command + S	Duplizieren
option + command + P	Eigenschaften ein- bzw. ausblenden
⇧ + command + P	Papierformat
⇧ + option + command + V	Einsetzen und Stil anpassen
option + esc	Vervollständigen
⇧ + command + A	Dateien anfügen
command + K	Link hinzufügen
command + F	Suchen
option + command + F	Suchen und Ersetzen
command + G	Weitersuchen (vorwärts)
⇧ + command + G	Weitersuchen (rückwärts)
command + E	Auswahl für Suche übernehmen
command + J	Auswahl anzeigen
command + L	Zeile auswählen
⇧ + command + Ü	Rechtschreibung und Grammatik ein- bzw. ausblenden

command + Ü	Dokument jetzt prüfen
command + 0	Darstellung in Originalgröße
⇧ + command + .	Ansicht vergrößern
⇧ + command + ,	Ansicht verkleinern

Format

Auch *TextEdit* bietet verschiedene Formatieroptionen, die sich per Tastenkombination anwenden lassen.

Tasten	Funktion
command + T	Schriften ein- bzw. ausblenden
command + B	Fett formatieren
command + I	Kursiv formatieren
command + U	Unterstrichen formatieren
command + +	Schrift größer
command + -	Schrift kleiner
option + command + Ö	Zeichenabstand enger
option + command + Ä	Zeichenabstand weiter
⇧ + command + C	Farben ein- bzw. ausblenden
option + command + C	Stil kopieren
option + command + V	Stil einsetzen
⇧ + command + Ö	Linksbündig ausrichten
⇧ + command + #	Zentriert ausrichten
⇧ + command + Ä	Rechtsbündig ausrichten

command + R	Lineal ein- bzw. ausblenden
control + command + C	Lineal kopieren
control + command + V	Lineal einsetzen
⇧ + command + T	In reinen Text umwandeln
⇧ + command + W	Seitenränder einblenden

10.5 Bücher

Mit der App ***Bücher*** verwalten und lesen Sie Ihre E-Books sowie Hörbücher auf dem Mac. Aus dem integrierten Store lässt sich jederzeit neue Lektüre beziehen. Mit den passenden Tastenkombinationen fällt der Umgang mit der App ***Bücher*** noch leichter.

Wichtige Funktionen

Wichtige Funktionen in der App ***Bücher*** sind beispielsweise das Öffnen eines E-Books oder das Hinzufügen von Lesezeichen. Tastenkombinationen zu diesen und weiteren wichtigen Funktionen entnehmen Sie der folgenden Tabelle.

Tasten	Funktion
command + O	Buch öffnen
command + N	Neue Sammlung
command + ←	Löschen
command + D	Lesezeichen hinzufügen
command + F	Suchen
command + G	Weitersuchen (vorwärts)
command + E	Auswahl für Suche verwenden
command + J	Auswahl anzeigen

Darstellung (E-Book)

Die nächste Tabelle enthält nützliche Tastenkombinationen zu den Darstellungsoptionen der App ***Bücher***. Die Tastenkombinationen stehen Ihnen zur Verfügung, nachdem Sie ein E-Book geöffnet haben.

Tasten	Funktion
command + T	Inhaltsverzeichnis einblenden
⇧ + command + D	Lesezeichen anzeigen
⇧ + command + N	Markierungen und Notizen einblenden
⇧ + command + T	Miniaturen einblenden
⇧ + command + S	Lernkarten anzeigen
⇧ + command + G	Glossar einblenden
command + 0	Schriftgröße auf Standard zurücksetzen
command + +	Vergrößern
command + -	Verkleinern

Darstellung (PDF-Datei)

Beim Öffnen einer PDF-Datei erhalten Sie andere Darstellungsoptionen. Entnehmen Sie diese der folgenden Tabelle.

Tasten	Funktion
⇧ + command + #	Alle Tabs einblenden
option + command + 1	Seitenleiste ein- bzw. ausblenden
option + command + 2	Miniaturen
option + command + 3	Inhaltsverzeichnis

option + command + 4	Hervorhebungen und Notizen
option + command + 5	Lesezeichen
option + command + 6	Kontaktbogen
command + 1	Kontinuierlich scrollen
command + 2	Einzelseite
command + 3	Doppelseite
option + command + B	Dokumenthintergrund anzeigen
command + 0	Originalgröße
command + 9	Größe an Fenster anpassen
command + +	Vergrößern
command + -	Verkleinern
⇧ + command + 8	Auswahl zoomen
⇧ + command + A	Werkzeugleiste ein- bzw. ausblenden
option + command + T	Symbolleiste ein- bzw. ausblenden

Steuerung

Für die Steuerung von Hörbüchern stehen in der App ***Bücher*** ebenfalls einige Tastenkombinationen zur Verfügung, die Sie in der nächsten Tabelle finden.

Tasten	Funktion
Leer	Pause
command + .	Stoppen
command + →	Vorspringen
command + ←	Zurückspringen

⇧ + command + →	Nächster Titel
⇧ + command + ←	Vorheriger Titel
command + ↑	Lautstärke erhöhen
command + ↓	Lautstärke verringern
option + ←	Vorheriges Kapitel
option + →	Nächstes Kapitel
option + ↓	Kapitelende
option + ↑	Kapitelanfang
command + Ö	Zurück

10.6 Home

Für die Steuerung kompatibler Heimgeräte verwenden Sie die App ***Home*** – gern auch mit nützlichen Tastenkombinationen.

Tasten	Funktion
⇧ + command + H	Zuhause bearbeiten
⇧ + command + R	Raum bearbeiten
command + 1	Darstellung: Zuhause
command + 2	Darstellung: Automation
command + 3	Darstellung: Entdecken
option + command + S	Seitenleiste ein- bzw. ausblenden

10.7 Schriftsammlung

Auf dem Mac stehen Ihnen bereits zahlreiche Schriftarten zur Verfügung, jedoch lassen sich noch viele weitere Schriftarten installieren. Zum Verwalten der Schriftarten verwenden Sie die App ***Schriftsammlung*** – wenn gewünscht mit Tastenkombinationen.

Tasten	Funktion
command + N	Neues Fenster
command + T	Neuer Tab
command + O	Schriften hinzufügen
command + L	Duplikate bereinigen
command + R	Im Finder zeigen
command + F	Suchen
⇧ + command + #	Alle Tabs einblenden
command + 1	Darstellung: Als Raster anzeigen
command + 2	Darstellung: Als Beispiele anzeigen
command + 3	Darstellung: Als Liste anzeigen
command + +	Schrift vergrößern
command + -	Schrift verkleinern
command + →	Nächster Schriftschnitt
command + ←	Vorheriger Schriftschnitt
command + ↓	Nächster Stil
command + ↑	Vorheriger Stil
command + ß	Filterleiste einblenden
command + I	Schriftinformationen ein- bzw. ausblenden
control + command + S	Seitenleiste ein- bzw. ausblenden

10.8 Schach

Auch eine ***Schach***-App zählt zum Lieferumfang von macOS. Auch diese App bietet einige hilfreiche Tastenkombinationen.

Tasten	Funktion
command+N	Neu
command+O	Öffnen
command+S	Sichern
⇧+option+command+S	Sichern unter
⇧+command+S	Duplizieren
command+Ä	Hinweis einblenden
command+Ö	Letzten Zug anzeigen
command+L	Spielprotokoll

10.9 Notizzettel

Nicht sehr bekannt, aber doch supernützlich ist die macOS-App ***Notizzettel***, mit der Sie bunte Notizzettel auf den Bildschirm »kleben«. Tastenkombinationen dazu entnehmen Sie der folgenden Tabelle.

Tasten	Funktion
command+N	Neue Notiz
⇧+option+command+V	Einsetzen und Stil anpassen
command+K	Link hinzufügen
command+F	Suchen
command+G	Weitersuchen (vorwärts)
⇧+command+G	Weitersuchen (rückwärts)

command + E	Auswahl für Suche übernehmen
command + J	Auswahl anzeigen
⇧ + command + Ü	Rechtschreibung und Grammatik ein- bzw. ausblenden
command + Ü	Dokument jetzt prüfen
command + T	Schriften ein- bzw. ausblenden
command + B	Fett formatieren
command + U	Unterstrichen formatieren
command + I	Kursiv formatieren
command + +	Schrift größer
command + -	Schrift kleiner
⇧ + command + C	Farben ein- bzw. ausblenden
option + command + C	Stil kopieren
option + command + V	Stil einsetzen
command + 1	Gelber Notizzettel
command + 2	Blauer Notizzettel
command + 3	Grüner Notizzettel
command + 4	Rosa Notizzettel
command + 5	Lila Notizzettel
command + 6	Grauer Notizzettel
option + command + F	Oben schwebendes Fenster
option + command + T	Transparentes Fenster
option + command + Z	Anordnung widerrufen
⇧ + option + command + Z	Anordnung wiederherstellen

10.10 Terminal

Das Terminal macht es möglich, Ihrem Mac Befehle statt auf der grafischen Benutzeroberfläche über die Kommandozeile zu erteilen.

Viele nützliche Tastenkombinationen für das Terminal finden Sie im Folgenden.

Shell

Zunächst gibt es Tastenkombinationen für die Shell, also das Fenster, in dem Sie Ihre Befehle erteilen.

Tasten	Funktion
command + N	Neues Fenster mit Profil
control + command + N	Neues Fenster mit gleichem Befehl
command + T	Neuer Tab mit Profil
control + command + T	Neuer Tab mit gleichem Befehl
⇧ + command + N	Neuer Befehl
⇧ + command + K	Neue entfernte Verbindung
command + O	Öffnen
command + S	Text exportieren als
⇧ + command + S	Ausgewählten Text exportieren als
command + I	Informationen ein- bzw. ausblenden
⇧ + command + I	Titel bearbeiten
option + command + I	Hintergrundfarbe bearbeiten
option + command + R	Zurücksetzen
control + option + command + R	Hard Reset
option + command + P	Auswahl drucken

Bearbeiten

Nun folgen zahlreiche Tastenkombinationen, die die Bearbeitungsoptionen im Terminal betreffen.

Tasten	Funktion
⇧ + control + command + C	Sonderzeichen ohne Hintergrundfarbe kopieren
⇧ + option + command + C	Sonderzeichen als reinen Text kopieren
control + command + V	Text mit Steuerzeichen einsetzen
⇧ + command + V	Auswahl einsetzen
⇧ + command + A	Zwischen Markern auswählen
command + ↩	Zeile markieren und Zeilenschalter senden
⇧ + command + ↩	Zeilenschalter ohne Markierung senden
command + U	Markieren
option + command + U	Als Lesezeichen markieren
⇧ + command + U	Markierung aufheben
⇧ + command + M	Lesezeichen einfügen
⇧ + option + command + M	Lesezeichen mit Namen einfügen
command + ↑	Zur vorherigen Markierung
command + ↓	Zur nächsten Markierung
option + command + ↑	Zum vorherigen Lesezeichen
option + command + ↓	Zum nächsten Lesezeichen
command + L	Bis zur vorherigen Markierung löschen
option + command + L	Bis zum vorherigen Lesezeichen löschen
command + K	Bis zum Start löschen

option + command + K	Zeilenpuffer löschen
control + command + L	Bildschirm leeren
control + option + command + L	Bildschirm füllen
command + F	Suchen
command + G	Weitersuchen (vorwärts)
⇧ + command + G	Weitersuchen (rückwärts)
⇧ + command + F	Suchleiste ein- bzw. ausblenden
command + E	Auswahl für Suche übernehmen
command + J	Auswahl anzeigen
⇧ + command + C	Farben ein- bzw. ausblenden
option + command + O	Wahltaste als Meta-Taste verwenden

Darstellung

Als Nächstes erhalten Sie Tastenkombinationen für die clevere Nutzung der Darstellungsoptionen im Terminal.

Tasten	Funktion
⇧ + command + #	Alle Tabs einblenden bzw. Tabübersicht beenden
⇧ + command + T	Tableiste ein- bzw. ausblenden
⇧ + command + ↓	Alternativen Bildschirm einblenden
⇧ + command + ↑	Alternativen Bildschirm ausblenden
command + R	Mouse-Reporting erlauben
command + D	Geteiltes Fenster
⇧ + command + D	Geteiltes Fenster schließen
command + 0	Standardschriftgröße

command + +	Schrift größer
command + -	Schrift kleiner
command + ↑	Seite nach oben
command + ↓	Seite nach unten
option + command + ↑	Zeile nach oben
option + command + ↓	Zeile nach unten

Fenster

Schließlich gibt es noch einige Tastenkombinationen für die Fensterfunktionen im Terminal.

Tasten	Funktion
command + <	Nächstes Fenster
⇧ + control + ⇥	Vorherigen Tab anzeigen
control + ⇥	Nächsten Tab anzeigen
option + command + 1 (– 9)	Fenster mit der entsprechenden Nummer anzeigen

10.11 Aktivitätsanzeige

In der Aktivitätsanzeige können Sie sich die Prozesse darstellen lassen, die gerade auf Ihrem Mac ausgeführt werden. Tastenkombinationen hierfür entnehmen Sie der folgenden Tabelle.

Tasten	Funktion
⇧ + command + P	Papierformat
command + F	Suchen

command + G	Weitersuchen (vorwärts)
⇧ + command + G	Weitersuchen (rückwärts)
command + E	Auswahl für Suche übernehmen
command + J	Auswahl anzeigen
option + command + F	Prozesse filtern
command + I	Prozessinformationen
option + command + S	Prozess analysieren
control + option + command + S	Spindump ausführen
option + command + Q	Prozess beenden
option + command + J	Deltas für Prozess einblenden
command + K	Verlauf der CPU-Auslastung löschen
command + 1	Fenster: Aktivitätsanzeige
command + 2	Fenster: Aktuelle CPU-Auslastung
command + 3	Fenster: Verlauf der CPU-Auslastung
command + 4	Fenster: GPU-Verlauf

10.12 Konsole

In der Konsole werden Protokollmeldungen gesammelt, was insbesondere bei der Problembehebung hilfreich sein kann. Hierzu ebenfalls einige Tastenkombinationen.

Tasten	Funktion
command + O	Öffnen
command + R	Im Finder zeigen
command + ←	In den Papierkorb legen

⇧ + option + command + V	Einsetzen und Stil anpassen
command + F	Suchen
command + G	Weitersuchen (vorwärts)
⇧ + command + G	Weitersuchen (rückwärts)
command + E	Auswahl für Suche übernehmen
command + J	Auswahl anzeigen
⇧ + command + Ü	Rechtschreibung und Grammatik ein- bzw. ausblenden
command + Ü	Dokument jetzt prüfen
option + command + F	Suchfeld aktivieren
command + K	Löschen
⇧ + command + R	Neu laden
⇧ + command + N	Modus *Jetzt* aktivieren bzw. deaktivieren
option + command + S	Streaming starten
command + 1	Alle Mitteilungen anzeigen
command + 2	Fehler und Probleme anzeigen
⇧ + command + #	Alle Tabs einblenden bzw. Tabübersicht beenden
control + command + S	Quellen ein- bzw. ausblenden
⇧ + command + A	Ansicht *Aktivitäten* ein- bzw. ausblenden
⇧ + command + Y	Bereich *Infos* ein- bzw. ausblenden
option + command + T	Symbolleiste ein- bzw. ausblenden
⇧ + control + ⇥	Vorherigen Tab anzeigen
control + ⇥	Nächsten Tab anzeigen
⇧ + command + 0	Zur Konsole wechseln

10.13 Journal

Die Tagebuch-App ***Journal*** wurde bereits 2023 auf dem iPhone eingeführt und steht ab macOS Tahoe auch auf dem Mac zur Verfügung. Nutzen Sie auch diese App mit Tastenkombinationen effizienter.

Wichtige Funktionen

Tasten	Funktion
command + L	Journal sperren
command + N	Neuer Eintrag
⇧ + command + N	Neues Journal
option + command + N	Neues Fenster
⇧ + command + E	Exportieren
option + ⇧ + command + V	Einsetzen und Stil anpassen
command + F	Suchen
option + command + F	Suchen und Ersetzen
command + G	Weitersuchen (vorwärts)
⇧ + command + G	Weitersuchen (rückwärts)
command + E	Auswahl suchen
command + J	Auswahl anzeigen
⇧ + command + Ü	Rechtschreibung und Grammatik einblenden
command + Ü	Dokument jetzt prüfen

Format

Tasten	Funktion
command + B	Fett formatieren
command + I	Kursiv formatieren
command + U	Unterstrichen formatieren
command + ´	Als Zitatblock formatieren
⇧ + command + X	Durchgestrichen formatieren
⇧ + command + 7	Als Aufzählungsliste formatieren
⇧ + command + 8	Als Spiegelstrichliste formatieren
⇧ + command + 9	Als nummerierte Liste formatieren
⇧ + command + C	Farben einblenden
option + command + C	Stil kopieren
option + command + V	Stil einsetzen
⇧ + command + Ö	Linksbündig ausrichten
⇧ + command + #	Zentrieren
⇧ + command + Ä	Rechtsbündig ausrichten

Darstellung

Tasten	Funktion
command + 1	Ansicht: *Einblicke*
command + 2	Ansicht: *Orte*
command + 3	Ansicht: *Alle Einträge*
command + 4	Ansicht: *Zuletzt gelöscht*

option + command + 1 (– 9)	Nummer des Journals auswählen
command + +	Vergrößern
command + -	Verkeinern
command + 0	Zoom zurücksetzen
control + command + S	Seitenleiste ein- bzw. ausblenden

Eintrag

Tasten	Funktion
⇧ + command + S	Duplizieren
command + D	Lesezeichen hinzufügen
⇧ + command + P	Foto oder Video auswählen
⇧ + command + T	Foto oder Video aufnehmen
⇧ + command + R	Audio aufnehmen
⇧ + command + L	Ort hinzufügen/bearbeiten
⇧ + command + D	Zeichnung hinzufügen
←	Eintrag bearbeiten
command + ↩	Eintrag löschen

10.14 Freeform

Die Whiteboard-App ***Freeform*** dient auf Ihrem Mac dem Brainstormen und freien Planen. Nutzen Sie verschiedene Tastenkombinationen, um die App noch cleverer zu verwenden.

Wichtige Funktionen

Tasten	Funktion
command + N	Neues Board erstellen
option + command + N	Neues Board in neuem Fenster erstellen
command + T	Neuen Tab öffnen
⇧ + command + N	Neues Fenster öffnen
⇧ + command + D	Duplizieren
⇧ + option + command + V	Einsetzen und Stil anpassen
⇧ + command + A	Auswahl aufheben
command + ↩	Übergeordnetes Objekt auswählen
command + D	Auswahl duplizieren
command + F	Suchen
command + G	Weitersuchen (vorwärts)
⇧ + command + G	Weitersuchen (rückwärts)
command + E	Auswahl suchen
command + J	Auswahl anzeigen
⇧ + command + Ü	Rechtschreibung und Grammatik einblenden
command + Ü	Dokument jetzt prüfen
command + 1	Darstellung als Symbole
command + 2	Darstellung als Liste
control + ⇥	Nächsten Tab anzeigen
⇧ + control + ⇥	Vorherigen Tab anzeigen

Format

Tasten	Funktion
command + B	Fett formatieren
command + I	Kursiv formatieren
command + U	Unterstrichen formatieren
option + command + +	Größere Schrift
option + command + -	Kleinere Schrift
⇧ + command + Ö	Linksbündig ausrichten
⇧ + command + #	Zentrieren
⇧ + command + Ä	Rechtsbündig ausrichten
command + Ä	Text einrücken
command + Ö	Einrückung zurücknehmen
⇧ + command + M	Maske bearbeiten
option + command + C	Stil kopieren
option + command + V	Stil einsetzen
⇧ + command + C	Farben einblenden

Anordnen

Tasten	Funktion
⇧ + option + command + F	Nach vorn
⇧ + command + F	Ganz nach vorn
⇧ + option + command + B	Nach hinten
⇧ + command + B	Ganz nach hinten

command + L	Sperren
option + command + L	Entsperren
option + command + G	Gruppieren
⇧ + option + command + G	Gruppierung auflösen

10.15 Passwörter

Die Schlüsselbundverwaltung dient auf dem Mac dazu, Ihre Passwörter und Account-Infos zu speichern. Nutzen Sie die Schlüsselbundverwaltung ebenfalls mit Tastenkombinationen!

Tasten	Funktion
command + L	App *Passwörter* sperren
command + N	Neues Passwort erstellen
⇧ + command + N	Neues Fenster öffnen
command + F	Suchen
command + 1	Ansicht: *Alle*
command + 2	Ansicht: *Passkeys*
command + 3	Ansicht: *Codes*
command + 4	Ansicht: *WLAN*
command + 5	Ansicht: *Sicherheit*
command + 6	Ansicht: *Gelöscht*
control + command + S	Seitenleiste ein- bzw. ausblenden

10.16 Systeminformationen

In den Systeminformationen erhalten Sie detaillierte Informationen zu Hardware und Software sowie zu den Netzwerkfunktionen Ihres Macs. Auch dazu gibt es ein paar praktische Tastenkombinationen.

Tasten	Funktion
command+N	Systembericht einblenden
command+O	Öffnen
command+S	Sichern
command+R	Informationen aktualisieren
command+4	Seriennummer sprechen
command+F	Suchen
command+G	Weitersuchen (vorwärts)
⇧+command+G	Weitersuchen (rückwärts)
command+E	Auswahl für Suche übernehmen
command+J	Auswahl anzeigen
command+I	Über diesen Mac

10.17 Automator

Der Automator dient – wie der Name ja schon andeutet – dazu, sich wiederholende Aufgaben zu automatisieren. Das kann Ihnen auf Dauer eine Menge Zeitersparnis bringen! Zusätzlich sparen Sie Zeit, wenn Sie die folgenden Tastenkombinationen einsetzen.

Wichtige Funktionen

Finden Sie in der folgenden Tabelle zahlreiche nützliche Tastenkombinationen zu wichtigen Funktionen des Automators.

Tasten	Funktion
command + N	Neu
command + O	Öffnen
command + S	Sichern
⇧ + option + command + S	Sichern unter
⇧ + command + S	Duplizieren
⇧ + option + command + C	Konvertieren in
⇧ + command + P	Papierformat
command + D	Auswahl duplizieren
option + command + F	Aktionen suchen
command + F	Suchen
command + G	Weitersuchen (vorwärts)
⇧ + command + G	Weitersuchen (rückwärts)
command + E	Auswahl für Suche übernehmen
command + J	Auswahl anzeigen
⇧ + command + Ü	Rechtschreibung und Grammatik ein- bzw. ausblenden
command + Ü	Dokument jetzt prüfen
option + command + L	Protokoll ein- bzw. ausblenden
command + R	Ausführen
command + .	Stoppen
option + command + R	Aufzeichnen
command + K	Ergebnisse einblenden
command + ↑	Nach oben bewegen

command + ↓	Nach unten bewegen
⇧ + command + J	In Bibliothek einblenden

Format

Auch zum Formatieren im Automator steht Ihnen eine ganze Reihe von Tastenkombinationen zur Verfügung, die Sie als Nächstes kennenlernen.

Tasten	Funktion
command + T	Schriften ein- bzw. ausblenden
⇧ + command + C	Farben ein- bzw. ausblenden
command + B	Fett formatieren
command + I	Kursiv formatieren
command + U	Unterstrichen formatieren
command + +	Schrift größer
command + -	Schrift kleiner
option + command + C	Stil kopieren
option + command + V	Stil einsetzen
⇧ + command + Ö	Linksbündig ausrichten
⇧ + command + #	Zentriert ausrichten
⇧ + command + Ä	Rechtsbündig ausrichten
control + command + C	Lineal kopieren
control + command + V	Lineal einsetzen

10.18 Kurzbefehle

Die App *Kurzbefehle* ermöglicht es, eigene Befehle für die Sprachassistenz Siri und für die Nutzung von Apple Intelligence zu erstellen. Auch dabei können Ihnen verschiedene Tastenkombinationen dienlich sein.

Tasten	Funktion
command + N	Neuer Kurzbefehl
⇧ + command + N	Neuer Ordner
option + command + N	Neue Automation
command + O	Öffnen
control + command + R	Umbenennen
command + D	Duplizieren
⇧ + command + D	Aktion duplizieren
command + ←	Löschen
command + F	Suchen
option + ↑	Nach oben bewegen
option + ↓	Nach unten bewegen
⇧ + command + M	Programmablauf: Aus Menü auswählen
⇧ + command + I	Programmablauf: Wenn
⇧ + command + R	Programmablauf: Wiederholen
⇧ + command + E	Programmablauf: Wiederholen mit jedem
⇧ + command + C	Kommentar
⇧ + command + V	Variable konfigurieren
⇧ + command + A	Nach Eingabe fragen
⇧ + command + S	Inhalte anzeigen

⇧+option+command+G	Galerie anzeigen
⇧+option+command+A	Automationen einblenden
⇧+option+command+S	Alle Kurzbefehle einblenden
command+1(–9)	Ordner mit der entsprechenden Nummer einblenden
option+command+1	Aktionsbibliothek einblenden
option+command+2	Kurzbefehldetails einblenden
command+I	Aktionsinformationen anzeigen
command+R	Kurzbefehl ausführen
command+.	Kurzbefehl stoppen
command+0	Fenster *Kurzbefehle*

10.19 Skripteditor

Der Skripteditor ist ein Dienstprogramm für schon etwas fortgeschrittenere Mac-Nutzer. Es lassen sich damit eigene Skripte erstellen und als App speichern. Eine Menge Tastenkombinationen für die smarte Nutzung des Skripteditors erhalten Sie im Folgenden.

Wichtige Funktionen

Viele zentrale Funktionen des Skripteditors lassen sich mithilfe von Tastenkombinationen ausführen, wie die nächste Tabelle beweist.

Tasten	Funktion
command+N	Neu
command+O	Öffnen
⇧+command+O	Funktionsverzeichnis öffnen

command + S	Sichern
⇧ + option + command + S	Sichern unter
⇧ + command + S	Duplizieren
⇧ + command + P	Papierformat
⇧ + option + command + V	Einsetzen und Stil anpassen
⇧ + command + V	Verweis einsetzen
option + esc	Vervollständigen
command + F	Suchen
option + command + F	Suchen und Ersetzen
command + G	Weitersuchen (vorwärts)
⇧ + command + G	Weitersuchen (rückwärts)
⇧ + command + F	Suchleiste ausblenden
command + E	Auswahl für Suche übernehmen
command + J	Auswahl anzeigen
⇧ + command + Ü	Rechtschreibung und Grammatik ein- bzw. ausblenden
command + Ü	Dokument jetzt prüfen
⇧ + command + R	Skript aufzeichnen
command + .	Stopp
command + R	Skript ausführen
option + command + R	Programm starten
command + K	Übersetzen
option + command + L	Protokollverlauf anzeigen
⇧ + command + L	Bibliothek anzeigen

Darstellung

Nun einige Tastenkombinationen, die die Darstellungsoptionen des Skripteditors betreffen.

Tasten	Funktion
command + 0	Bundle-Inhalt anzeigen
command + 1	Beschreibung ein- bzw. ausblenden
command + 2	Ergebnis ein- bzw. ausblenden
command + 3	Protokoll ein- bzw. ausblenden
command + 9	Zusatzdarstellung ein- bzw. ausblenden

Format

Die folgende Tabelle enthält Tastenkombinationen zum Formatieren von Schrift und Absätzen im Skripteditor.

Tasten	Funktion
command + T	Schriften ein- bzw. ausblenden
command + B	Fett formatieren
command + I	Kursiv formatieren
command + U	Unterstrichen formatieren
command + +	Schrift größer
command + -	Schrift kleiner
⇧ + command + C	Farben ein- bzw. ausblenden
option + command + C	Stil kopieren
option + command + V	Stil einsetzen
⇧ + command + Ö	Linksbündig ausrichten

⇧ + command + #	Zentriert ausrichten
⇧ + command + Ä	Rechtsbündig ausrichten
control + command + C	Lineal kopieren
control + command + V	Lineal einsetzen

10.20 Festplattendienstprogramm

Das Festplattendienstprogramm bietet verschiedene Funktionen zum Verwalten der Festplatte bzw. des Speichermediums Ihres Macs. Es lassen sich dazu verschiedene Tastenkombinationen einsetzen.

Tasten	Funktion
command + N	Neues leeres Image erstellen
⇧ + command + N	Image von Ordner
option + command + N	Image von aktueller Festplatte
option + command + O	Disk-Image öffnen
command + I	Informationen
command + E	Auswerfen
⇧ + command + R	Wiederherstellen
⇧ + command + P	Partition
⇧ + command + E	Löschen
command + F	Suchen
option + command + F	Suchen und Ersetzen
command + G	Weitersuchen (vorwärts)
⇧ + command + G	Weitersuchen (rückwärts)
command + J	Auswahl anzeigen

⇧ + command + Ü	Rechtschreibung und Grammatik einblenden
command + Ü	Dokument jetzt prüfen
command + 1	Nur Volumes anzeigen
command + 2	Alle Geräte einblenden
⇧ + command + S	APFS-Schnappschüsse einblenden
option + command + S	Seitenleiste ein- bzw. ausblenden
option + command + T	Symbolleiste ein- bzw. ausblenden
command + D	Festplattendienstprogramm anzeigen

10.21 Digital Color Meter

Die Zubehör-App ***Digital Color Meter*** ist ein sehr praktisches Tool, wenn es mal darum geht, bestimmte Farbinformationen auf dem Bildschirm zu erfassen. Dabei sind Ihnen die folgenden Tastenkombinationen behilflich.

Tasten	Funktion
command + L	Position fixieren
command + X	x-Koordinate fixieren
command + Y	y-Koordinate fixieren
command + 1	Vergrößerungsstufe 1x
command + 2	Vergrößerungsstufe 2x
command + 4	Vergrößerungsstufe 4x
command + 8	Vergrößerungsstufe 8x
⇧ + command + C	Farbe als Text kopieren
option + command + C	Farbe als Bild kopieren

11. Tastenkombinationen ergänzen

Sie haben in diesem Buch eine Vielzahl an Tastenkombinationen kennengelernt, die Ihnen unter macOS bzw. in den verschiedenen Apps bereits zur Verfügung stehen. Zusätzlich bietet sich Ihnen die Möglichkeit, Tastenkombinationen, die Sie vermissen, mit wenigen Handgriffen zu ergänzen. Das folgende Beispiel zeigt Ihnen den Weg:

1. Finden Sie zunächst heraus, welche Tastenkombination Sie ergänzen möchten. Öffnen Sie dazu in einer App – hier beispielsweise in der App ***Bücher*** – ein Menü. Notieren Sie den exakten Menüeintrag, zu dem eine Tastenkombination ergänzt werden soll. Falls der Menüeintrag Auslassungszeichen beinhaltet, notieren Sie sich auch diese! Hier soll zur Funktion *Zoomen* eine Tastenkombination ergänzt werden.

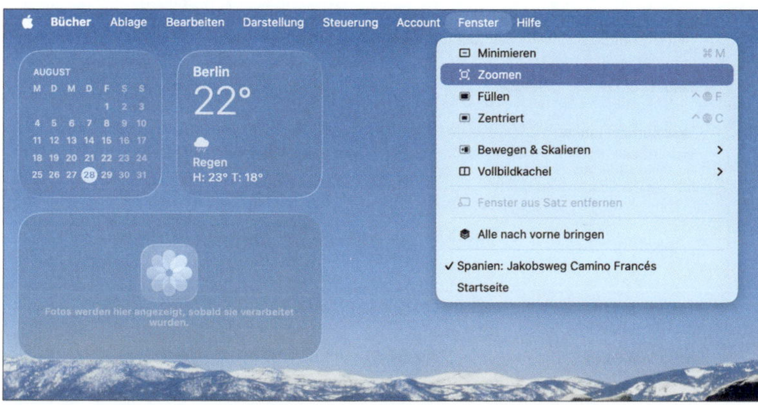

2. Öffnen Sie nun mit einem Mausklick auf das Zahnradsymbol im Dock die *Systemeinstellungen*.

3. Entscheiden Sie sich in den *Systemeinstellungen* für die Kategorie *Tastatur*.

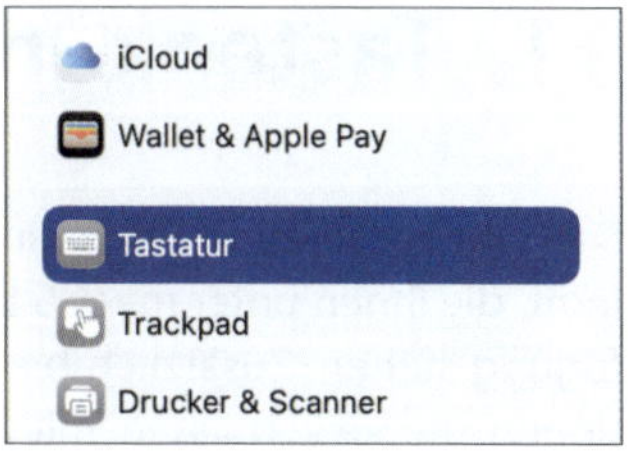

4. Wählen Sie als Nächstes die Schaltfläche *Tastaturkurzbefehle*.

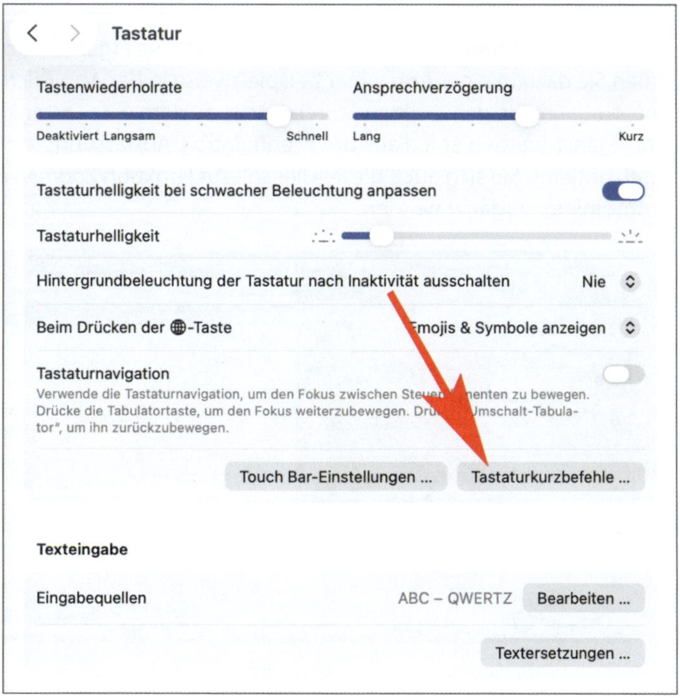

5. Sie haben jetzt Gelegenheit, einige bereits vorhandene Tastenkombinationen mit einer Checkbox zu aktivieren oder zu deaktivieren. Um eine neue Tastenkombination für eine beliebige App zu ergänzen, wählen Sie im Fenster den Eintrag *App-Kurzbefehle*.

6. Zum Hinzufügen einer Tastenkombination klicken Sie auf das Pluszeichen.

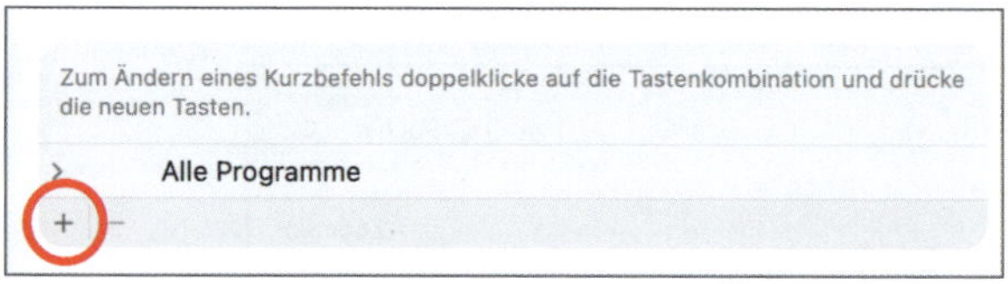

7. Öffnen Sie das Menü *App* und wählen Sie die App aus, zu der Sie eine Tastenkombination ergänzen möchten. In unserem Beispiel ist das die App ***Bücher***.

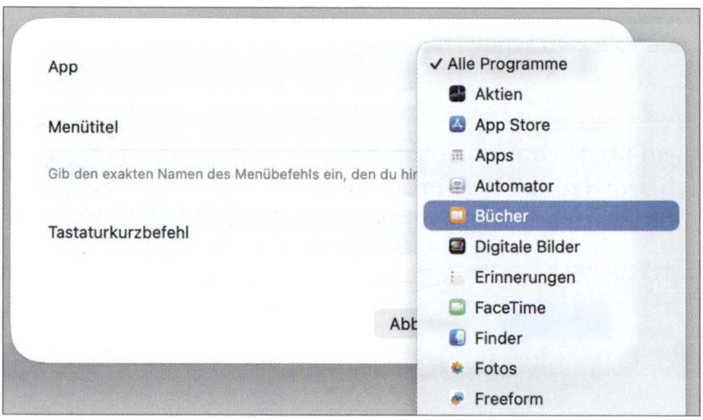

8. Klicken Sie anschließend in das Eingabefeld *Menütitel* und tippen Sie den notierten Befehl ein, in diesem Fall also *Zoomen*.

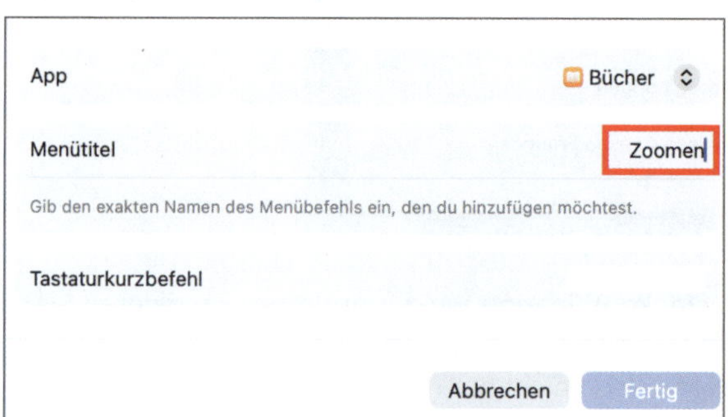

9. Jetzt klicken Sie in das Eingabefeld *Tastaturkurzbefehl* und drücken die gewünschte Tastenkombination. Diese wird daraufhin in dem Feld angezeigt.

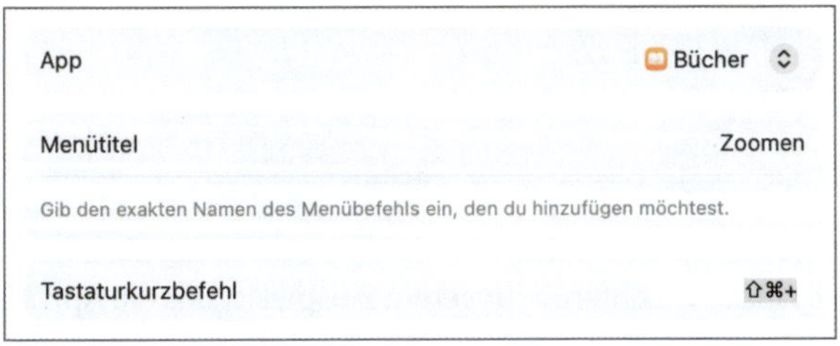

10. Bestätigen Sie zum Schluss mit *Fertig*.

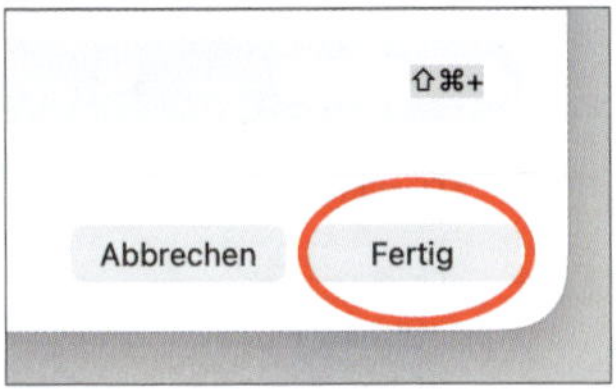

Die von Ihnen festgelegte Tastenkombination wird nach dem Neustart der App im Menü angezeigt und kann somit eingesetzt werden.

Möchten Sie eine Tastenkombination wieder entfernen, markieren Sie diese im Fenster aus Schritt 6 und klicken dann auf das Minuszeichen. Übrigens lassen sich auf die gezeigte Weise nicht nur neue Tastenkombinationen erstellen, sondern Sie können auch bestehende Tastenkombinationen mit eigenen Tastenkombinationen »überschreiben«.